W0473099

(En)quêtes d'amour

Et si le français devenait un jeu ?

Les mondes de Jules Verne

ESCAPE GAMES

FRANÇAIS

6e 5e 4e

Une aventure d'Enfers !

Guide pédagogique

Amélie Berthou-Sergeant
Collège de Sèvres (92)

Vanessa Christophe
Collège Yvonne Abbas
La Madeleine (59)

Emmanuelle Davodeau
Collège La Venaiserie
Saint-Barthélémy d'Anjou (49)

Julie Dozinel
Collège Jean Mermoz
Chauffailles (71)

Florence Renner
IEP
Menton (06)

Céline Retrouvey
Collège Paul Langevin
Étupes (25)

Nathan

SOMMAIRE

INTRODUCTION

ESCAPE GAME 1 Une aventure d'Enfers ! 6e

ESCAPE GAME 2 Les mondes de Jules Verne 5e

ISBN : 978-2-09-502084-2
Achevé d'imprimer en France en avril 2023 par la Nouvelle Imprimerie Laballery - 303083
Code projet : 10289129 - Dépôt légal : mai 2023

ESCAPE GAME 3 (En)quêtes d'amour 4e

ANNEXES

FICHES DÉTACHABLES

ESCAPE GAME 1

Une aventure d'Enfers !

- Feuilles de route
- Fiche récap
- Mise en commun

ESCAPE GAME 2

Les mondes de Jules Verne

- Feuilles de route
- Mise en commun
- Fiche récap

ESCAPE GAME 3

(En)quêtes d'amour

- Feuilles de route
- Mise en commun
- Fiche récap

- Diplômes

Les ressources de votre pochette

1 18 plateaux

au format A3 (6 plateaux par jeu)

2 Des fiches photocopiables

avec les 18 feuilles de route (6 par jeu) et tout le matériel nécessaire pour chaque jeu

3 Un kit pédagogique

avec les enjeux pédagogiques et la démarche, des conseils pour la mise en place et la mise en œuvre pas à pas de chaque jeu

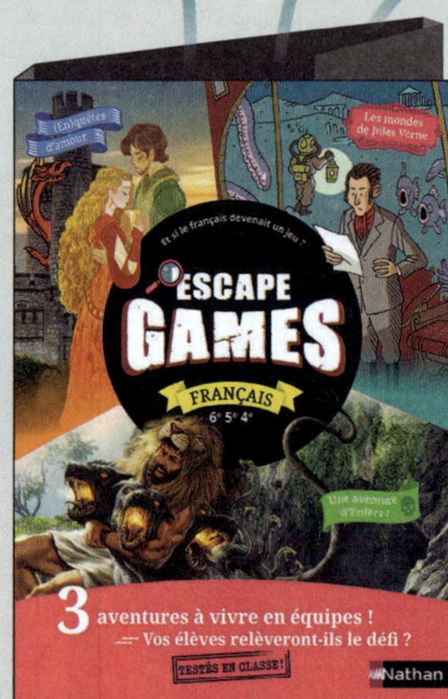

4 Les ressources numériques

avec l'ensemble des supports de la pochette ainsi que les vidéos et audios

Comment accéder à vos ressources numériques ?

1. Rendez-vous sur https://activation.nathan.fr/escape-games-histoire-college
2. Créez votre compte si nécessaire et authentifiez-vous en répondant aux questions posées. Vous recevrez un mail avec les instructions à suivre pour activer vos ressources gratuites, ainsi que votre identifiant et votre mot de passe.
3. Téléchargez l'appli gratuite Biblio Manuels en suivant les instructions.
4. Ouvrez l'appli Biblio Manuels sur votre ordinateur, rentrez vos identifiant et mot de passe. La ressource apparaît dans la bibliothèque. Cliquez sur « Télécharger » sous le visuel de la ressource.
5. Quand le téléchargement est effectué, cliquez sur « Ouvrir » : vos ressources sont accessibles !
6. Si vous souhaitez télécharger les ressources sur votre clé USB, allez dans le menu ☰ et sélectionnez « Copier sur une clé personnelle ».

Les enjeux et apports pédagogiques des escape games

1 Qu'est-ce qu'un escape game ?

L'escape game est à l'origine un jeu de mise en scène au cours duquel le joueur doit réussir à s'échapper d'un lieu fermé dans un laps de temps limité. Plus largement, un escape game propose de mener une enquête pour résoudre une énigme. Ce « jeu d'évasion » met ainsi le joueur en situation de devenir acteur d'un scénario captivant, à une époque et dans un cadre donnés. À l'origine numériques et virtuels, les escape games se sont échappés de leur environnement fixe et sont parfois de véritables jeux d'équipes grandeur nature, laissant de côté l'aspect individuel.

L'escape game connaît une popularité croissante, devenu également *serious game* dans un contexte pédagogique, décliné dans toutes les disciplines pour la classe mais aussi dans le cadre d'activités de la vie scolaire ou pour des rencontres entre le premier et le second degré. L'aspect ludique est particulièrement apprécié des élèves et permet de travailler autrement : en immersion et ensemble.

Comme tous les jeux éducatifs, l'escape game pédagogique est au service des apprentissages et des programmes. Il s'agit de jouer pour découvrir, apprendre, retenir, approfondir.

Éléments clés d'un escape game pédagogique

Des équipes
On joue en groupe, et chacun apporte ses compétences.

Des énigmes à résoudre
Pour avancer dans le jeu et relever le défi, il faut résoudre des énigmes. Elles peuvent faire appel à l'observation, la logique, ou reposer sur des manipulations.

Des instructions limitées
Les consignes ne sont pas toujours explicites, et elles exigent beaucoup d'attention pour les interpréter correctement.

Un temps limité
L'escape game est une course contre la montre.

Un univers particulier
Les élèves sont plongés dans l'ambiance créée par les plateaux, mais aussi les documents visuels et sonores accessibles sur l'application **Nathan Live!**.

Un scénario d'ensemble
Avant de jouer, les élèves sont embarqués dans une histoire racontée dans le teaser.

Un défi à relever
Une mission à accomplir : s'évader d'un lieu clos ou mener une enquête.

2 Quels sont les apports de ce type de jeu pour la classe ?

Le jeu accroit l'engagement des élèves, créant un terrain favorable aux apprentissages.

• Une stimulation de la motivation et de l'attention

En empruntant les codes du jeu vidéo, avec les paliers à franchir, les défis à relever, l'immersion dans un univers, le caractère imprévisible du scénario, l'escape game fait appel à d'autres compétences que celles requises dans les exercices plus scolaires.

• Un travail collaboratif pour un gain de confiance

L'escape game forge l'esprit d'équipe. Pour chacun, c'est l'occasion de voir que ses contributions sont appréciées, qu'on peut réussir à relever des défis. Cette aventure collaborative est aussi l'occasion d'apporter des connaissances aux autres, en particulier lors de la mise en commun des réponses.

• Davantage d'autonomie

L'essentiel des enquêtes se fait en autonomie. Le professeur est certes le maître du jeu, mais il n'intervient qu'en tant que facilitateur, lorsque les élèves sont bloqués, ou pour rappeler les contraintes de temps.

3 Pourquoi un escape game en français ?

• Se confronter à des textes, des histoires, des mythes

Les univers des escape games de français sont construits à partir de textes littéraires : les mythes antiques pour le voyage aux Enfers en 6e, l'œuvre de Jules Verne en 5e et les histoires d'amour dans la littérature en 4e. Chacun des jeux renvoie de manière précise à des textes : textes d'Homère, de Virgile ou d'Apulée pour « Une aventure d'Enfers ! », extraits des romans auxquels chaque plateau renvoie pour « Les mondes de Jules Verne », dialogues de théâtre, récits ou descriptions pour « (En)quêtes d'amour ».

• S'immerger dans une époque, une culture

Ces textes sont ancrés dans leur contexte historique et culturel dont les plateaux donnent une transcription visuelle.

• Percevoir la littérature autrement

Ces jeux sont conçus pour apporter des connaissances, mais permettent également de s'écarter des exercices scolaires. Les élèves découvrent les textes progressivement, après les avoir cherchés à travers la résolution d'énigmes. Ces textes, souvent lus par des comédiens, sont l'objet de manipulations (mots à retrouver, traductions) qui imposent aux élèves une grande attention. Les éléments de contexte sont également présentés grâce à des images, des vidéos ou des animations.

• Travailler sur des points de langue et des notions du programme

Les énigmes des feuilles de route portent aussi sur des notions du programme de français, comme l'étude du vocabulaire (étymologie, définitions), de points de langue (conjugaison, grammaire), les caractéristiques des genres, l'identification de figures de style ou celle des tonalités.

• « Jouer » la littérature, devenir acteur d'une histoire pour en lire d'autres

Le jeu, dans les escape games, est aussi un jeu de rôles. Devenus personnages, les élèves vivent des aventures, font des choix, trouvent des solutions. Ils sont ainsi embarqués dans une histoire qui les conduit à prendre connaissance d'autres histoires. On peut aisément imaginer que ce jeu oriente vers des lectures plus longues : un ouvrage sur la mythologie, un des romans de Jules Verne, une des histoires d'amour...

DÉROULÉ TYPE D'UN ESCAPE GAME

Lors de la séance précédente

- Présentation du jeu (fonctionnement, autorisation du téléphone…)
- Constitution des équipes : installer l'application **Nathan Live!** sur les smartphones et les tablettes.
- En 6e, découverte de l'alphabet grec

Le jour J

1 — 5 min

▶ **Préparation** de la salle et du matériel (plateaux + feuilles de route + tablettes ou téléphones des élèves)

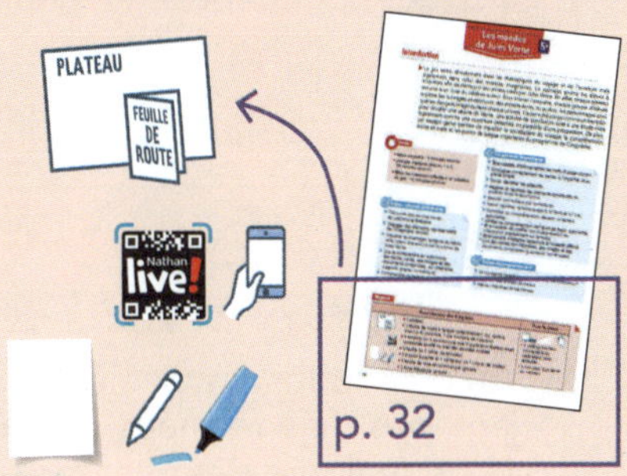

2 — 2 min

▶ **Visionnage du teaser**

3 — 35 min

▶ **Phase de jeu en équipes :** chaque groupe résout les énigmes proposées sur la feuille de route à l'aide du plateau.

4 — 10 min

▶ **Phase de mise en commun et solution du jeu :** Les six équipes notent la solution de leurs énigmes sur la fiche de mise en commun. Cela permet à la classe de réussir la mission initiale.

Lors de la séance suivante

▶ **Fiche Récap :** activités d'écriture sur le thème du jeu

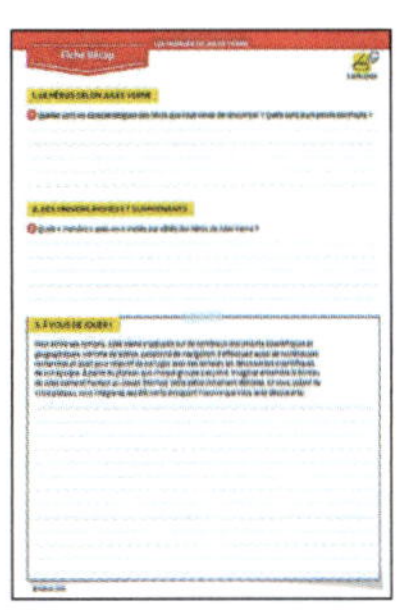

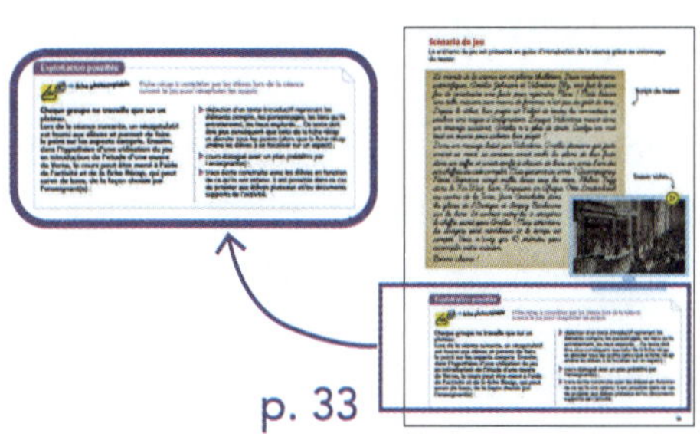

LA MISE EN ŒUVRE EN CLASSE

1 Mise en place

– Si possible, plastifier les plateaux afin de permettre aux élèves d'écrire dessus avec des feutres effaçables, et de pouvoir les réutiliser.

– Photocopier en recto-verso, en couleurs si possible, un exemplaire de chaque feuille de route par groupe. Il est possible de prévoir un exemplaire de la feuille de route par membre de l'équipe pour que chacun garde la trace du travail effectué.

Repérez les logos!
Matériel à photocopier :
Scan à réaliser sur Nathan Live! :

– Photocopier le matériel supplémentaire à distribuer au cours du jeu (fiche de mise en commun, fiche récap, alphabet grec et généalogie des dieux en 6e...), en couleurs si possible.

– Installer l'application **Nathan Live!** sur les tablettes ou téléphones qui seront utilisés pour jouer. La salle doit bénéficier d'un accès à Internet le jour de la séance. Il est plus confortable d'avoir une tablette par groupe.

– Photocopier la fiche synthétique « Toutes les réponses en un coup d'œil » pour la consulter facilement.

Biblio MANUELS

- Une version numérique des documents audios et vidéos est disponible sur BBM, hors connexion.

LA SÉANCE PRÉCÉDANT LA SÉANCE DE JEU

Annoncer le jeu

- Expliquer le principe et les règles du jeu.

Préparer les 6 équipes

- Prévoir des groupes hétérogènes et attribuer éventuellement un rôle à chaque membre de l'équipe : contrôler le bon déroulement, prendre des notes, maîtriser le temps, être porte-parole du groupe dans la phase finale...

- En 6e, proposer aux élèves, en équipes déjà formées, de découvrir la généalogie des dieux de l'Olympe et l'alphabet grec, dont ils auront besoin pour résoudre des énigmes.

→ fiche photocopiable

JUSTE AVANT LA SÉANCE DE JEU

Organisation de la salle

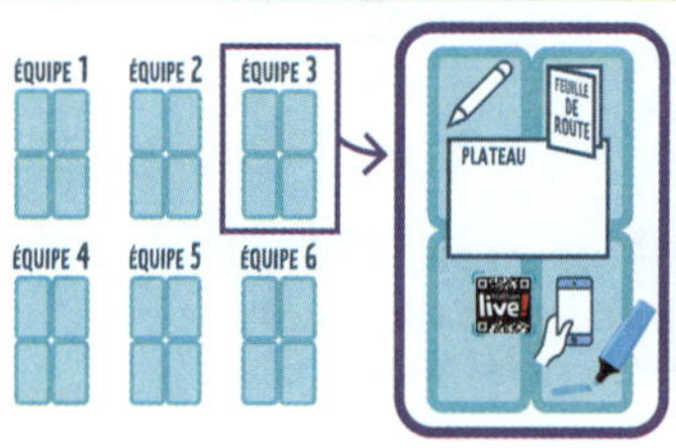

- Disposer la salle en 6 îlots permettant aux élèves de consulter le plateau, la feuille de route et un minuteur.
- Placer un plateau et au moins une feuille de route sur chaque groupe de tables, ainsi qu'une tablette ou un smartphone équipé de l'application **Nathan Live!** et de quoi écrire (crayon à papier, surligneur).

minuteur

- Utiliser un minuteur, ou s'assurer que chaque équipe dispose d'un minuteur, sur un téléphone, par exemple.
- En fonction des possibilités, projeter une image dans le thème du jeu, décorer la salle, éventuellement diffuser un fond sonore.

Matériel de l'enseignant

- Préparer le matériel supplémentaire à distribuer au cours du jeu : fiche récap, mise en commun, fiche « diplôme ».
- Avoir à portée de main la fiche synthétique « Toutes les réponses en un coup d'œil ».

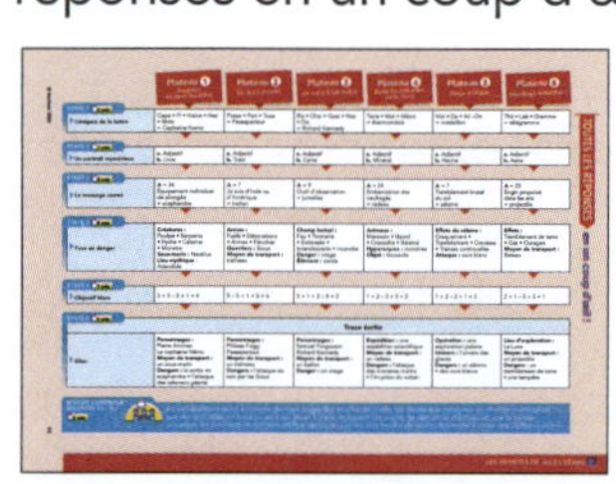

→ fiche photocopiable

2 La séance de jeu

PHASE 1 : LANCEMENT DU JEU

Le professeur est le maître du jeu.
- Il rappelle les règles :
– c'est un jeu collectif et collaboratif ;
– un échange entre les groupes a lieu dans la dernière phase du jeu ;
– il faut suivre la feuille de route et tout lire attentivement avant de scanner un élément du plateau ou de la feuille de route.
- Il projette le teaser qui expose le scénario.
- Il démarre le minuteur.

- À chaque fois que le logo **Nathan Live!** apparaît, c'est qu'il faut scanner un élément du plateau ou de la feuille de route.

PHASE 2 : RÉSOLUTION DES ÉNIGMES PAR ÉQUIPES (35 MIN)

Pour résoudre les énigmes, plusieurs actions peuvent être demandées.
– Observer le plateau.
– Scanner un élément du plateau pour accéder à un document numérique.
– Scanner un élément du plateau pour accéder à un document et répondre à une consigne sur l'application.
– Scanner un élément de la feuille de route.

→ Les scans se font avec l'application Nathan Live!

Rôle du professeur
Muni de la fiche synthétique, il guide et relance les élèves, en particulier les équipes les plus lentes. Il peut aussi faire aider une équipe par une autre qui a fini en avance. L'objectif est que toutes les équipes aient terminé dans le temps imparti.

PHASE 3 : MISE EN COMMUN (10 MIN)

Toutes les informations trouvées par chaque groupe sont réunies dans la fiche « Mise en commun ». Ces informations deviennent des indices qui permettent de résoudre collectivement l'énigme. Cette étape se fait en projetant la fiche de mise en commun au tableau, ou sur une version papier.
Les 6 équipes échangent leurs informations.

→ fiche photocopiable → fiche projetable dans BBM

Rôle du professeur
Il reprend la main. Il est garant de la correction et facilite les interactions et la circulation des informations.
Il fait remplir la « fiche Récap » et la fiche « Mise en commun » en laissant chaque équipe s'exprimer à tour de rôle, par le biais de son ambassadeur.

3 Les séances suivantes

L'intérêt du jeu réside aussi dans l'exploitation qu'on peut en faire, lors des séances suivantes.

- **Reprise en classe lors de la séance suivante**

La reprise en classe commence par un recueil des émotions, puis un temps de réflexion et un point sur les thèmes abordés, les documents consultés, les notions utilisées. La fiche *récap* sert de support puisqu'elle permet de récapituler les acquis. Dans le jeu sur Jules Verne, par exemple, cette fiche peut être le point de départ d'un échange sur l'œuvre de l'écrivain, pour parler des œuvres traitées dans chaque plateau, de souligner les points communs et les différences.

- **Prolongements possibles**

Des prolongements sont proposés pour chaque jeu. Dans le jeu Amour, il s'agit d'un travail d'écriture. D'autres perspectives sont envisageables, en particulier en lecture cursive. Les 3 jeux orientent vers des textes à découvrir. On peut soit approfondir de manière plus scolaire, par des lectures plus ou moins guidées, soit ouvrir sur des défis de lecture, organisés avec le professeur documentaliste.

→ fiche photocopiable → fiche projetable dans BBM

Focus sur le matériel élèves

Pour chaque escape game, les élèves auront à disposition les éléments suivants.

1 6 plateaux et 6 feuilles de route

- Par équipe :
  – un plateau
  – une feuille de route

à photocopier en recto-verso, et en couleurs si possible

2 Le matériel complémentaire

- Dans le jeu de 6e, un **alphabet grec** et la **généalogie des dieux**

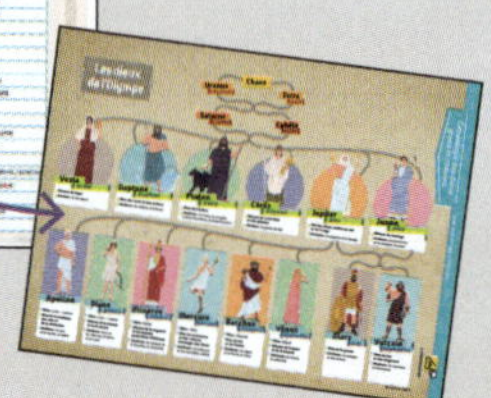

- 1 fiche de **mise en commun** pour la solution du jeu

- 1 fiche **récap** pour récapituler les acquis

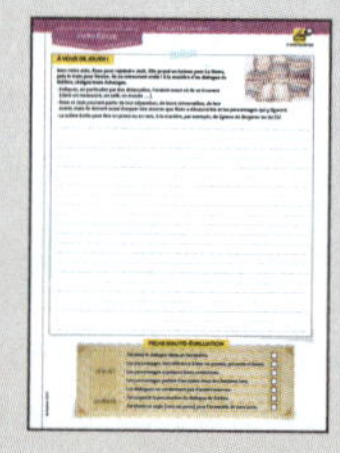

- Dans le jeu de 4e, des images à découper pour les coller dans la fiche de mise en commun.

3 Une tablette ou un smartphone par équipe, dotés de l'application Nathan Live!

- L'outil numérique sera utilisé pour accéder aux audios et vidéos en scannant des éléments précis. La tablette offre un meilleur confort d'utilisation.

Avec Nathan Live!, les plateaux prennent vie !

1. Téléchargez gratuitement l'appli. Google Play App Store
2. Ouvrez l'application et scannez les zones du plateau indiquées pour accéder aux ressources audios et vidéos.

Scannez cette page avec Nathan Live!

Focus sur le matériel enseignant

Pour chaque escape game, le guide pédagogique vous donne toutes les indications pour organiser vos séances pas à pas.

1 L'introduction et la mise en place du jeu

- La présentation du jeu
- Le timing
- Les enjeux culturels et littéraires, les compétences linguistiques
- Les thèmes du programme
- Le matériel

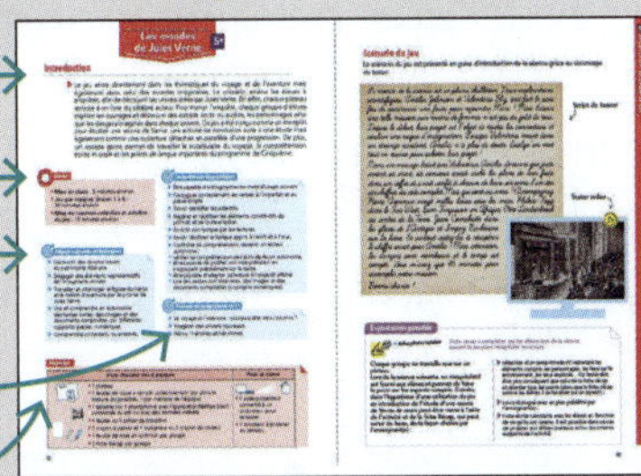

2 Les énigmes pas à pas pour chaque plateau et sa feuille de route

- Un timing pour chaque étape afin d'évaluer les difficultés ou le retard de certaines équipes
- Des pistes de relance pour débloquer les élèves le cas échéant

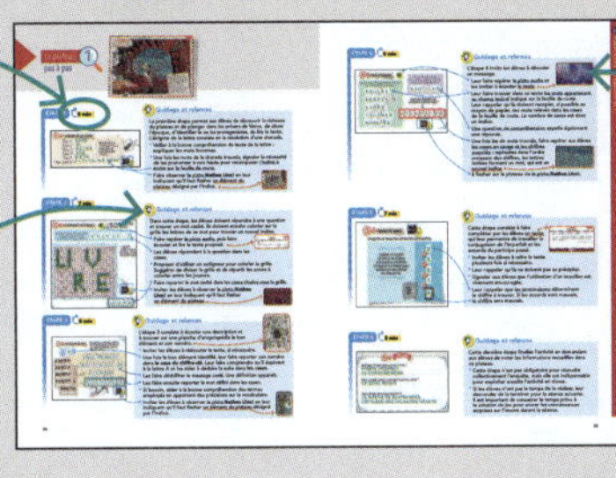

- Les éléments du plateau à repérer ou à scanner par les élèves

3 La mise en commun collective et la résolution finale du jeu

- Les informations à communiquer pour ou par chaque équipe à la classe
- Des pistes pour exploiter les réponses des élèves

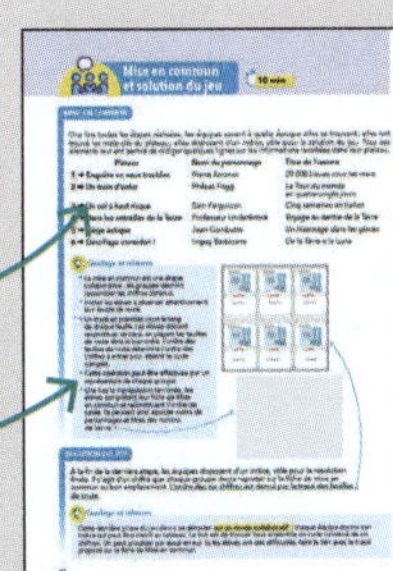

4 Toutes les réponses en un coup d'œil !

- Le déroulé des étapes

à photocopier pour une utilisation facile durant la séance de jeu

- Les solutions plateau par plateau
- La mise en commun et la solution du jeu

5 Les ressources numériques

Accessibles via l'appli Biblio Manuels (voir p. 4)
Vous retrouverez toutes les ressources de votre pochette en version vidéo-projetable,
– les audios,
– les vidéos,
– les fiches « Diplôme »,
– et les feuille de route corrigées, étape par étape.

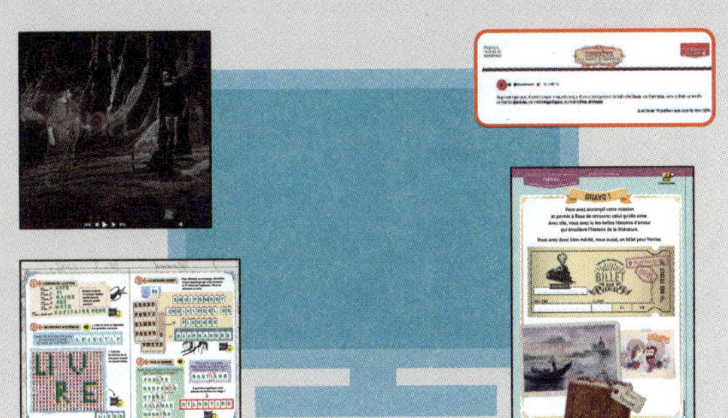

Une aventure d'Enfers ! 6e

Introduction

▶ Le jeu entre directement dans la thématique de la mythologie, qu'affectionnent généralement les élèves. Plongés dans les Enfers, domaine du dieu Hadès, les joueurs vont inspecter les lieux et enquêter pour retrouver un camarade égaré en découvrant de célèbres épisodes mythologiques. Chaque plateau incite à partir sur les traces d'un héros ou d'une héroïne pour parvenir à trouver un objet mystérieux réclamé par Hadès. Ce jeu a été conçu comme une immersion dans la mythologie gréco-romaine et permettra d'aborder deux thématiques du programme de 6e : « Le monstre, aux limites de l'humain » et « Récits d'aventures ». Il sera aussi l'occasion d'une initiation à l'alphabet grec, d'un travail sur l'étymologie, sur le lexique, ainsi que sur la compréhension écrite et orale.

Durée

- **Mise en place :** 5 minutes environ
- **Jeu par équipes** (étapes 1 à 4) : 35 minutes environ
- **Mise en commun collective et solution du jeu** : 10 minutes environ

Enjeux culturels et littéraires

▶ Découvrir des œuvres issues du patrimoine littéraire antique

▶ Dégager des éléments représentatifs de l'imaginaire mythologique

▶ Travailler et interroger la figure du monstre et la notion d'aventure par le prisme des récits mythologiques

▶ Lire et comprendre en autonomie des textes variés, des images et des documents composites, sur différents supports (papier, numérique)

▶ Comprendre un texte lu ou entendu

Compétences linguistiques

▶ Être capable d'orthographier les mots d'usage courant

▶ Enrichir son lexique par des lectures et les LCA

▶ Savoir réutiliser le lexique appris à l'écrit et à l'oral

▶ **Contrôler sa compréhension, devenir un lecteur autonome :**

- vérifier sa compréhension de l'écrit de façon autonome,
- être capable de justifier son interprétation en s'appuyant précisément sur le texte,
- être capable d'adapter sa lecture à l'objectif affiché.

▶ Synthétiser ce que l'on a appris et rédiger un texte

Thèmes du programme de 6e

▶ Le monstre aux limites de l'humain

▶ Récits d'aventures

Matériel

Pour chacune des 6 équipes	Pour la classe
• 1 plateau • 1 feuille de route à remplir collectivement (ou, dans la mesure du possible, 1 par membre de l'équipe) • 1 tablette (ou 1 smartphone) avec l'application **Nathan Live!**, connectée au wifi ou avec des données mobiles • 1 feuille ou 1 cahier de brouillon • 1 crayon à papier et 1 surligneur ou 1 crayon de couleur • 1 feuille de mise en commun par groupe • 1 fiche Récap par groupe	• 1 vidéoprojecteur connecté à un ordinateur pour le teaser • 1 minuteur à projeter au tableau

Scénario du jeu

Le scénario du jeu est présenté en guise d'introduction de la séance grâce au visionnage du teaser.

Script du teaser

Vous êtes élèves dans la 6e du collège Homère et, lors d'un voyage en Italie, vous faites une sortie sur les bords du lac Averne, près de Naples. Ce lac d'origine volcanique a une particularité : selon le poète romain Virgile, il constituerait une porte des Enfers, monde souterrain sur lequel règnent le dieu Hadès et sa femme Perséphone.

Mais ce lieu n'a rien à voir avec l'enfer dont vous avez peut-être déjà entendu parler. Les Enfers de la mythologie grecque et romaine sont l'endroit où résident toutes les ombres des morts, qu'ils aient été vertueux ou méchants pendant leur vie. Ce monde souterrain est constitué d'endroits très différents, des plus accueillants aux plus sombres, et il est peuplé d'êtres étranges et effrayants.

Au moment de remonter dans le car pour repartir, un de vos camarades, Aristide, manque à l'appel. Il est introuvable. Après quelques minutes de recherche à travers les hautes herbes qui bordent le lac, vous trouvez l'écharpe d'Aristide à côté de l'entrée d'un souterrain : la porte des Enfers...

Une voix se fait soudainement entendre : il s'agit d'Hadès, dieu des Enfers : « Vous êtes bien téméraires de vous aventurer ici, mais je connais votre quête et je suis disposé à vous aider. Vous pourrez exceptionnellement explorer ces lieux normalement interdits aux mortels. En échange, je vous demande de me rapporter six objets que je convoite depuis longtemps. Si vous accomplissez votre mission, je vous donnerai les informations utiles pour retrouver votre camarade ».

Vous pénétrez donc dans l'étroit goulet et vous vous répartissez en six groupes pour explorer les différents lieux de ce monde inquiétant et chercher les objets réclamés par Hadès. Mais attention, le car doit repartir dans 45 minutes et n'attendra pas les retardataires...

Teaser vidéo

Exploitation possible

Fiche *récap* à compléter par les élèves lors de la séance suivant le jeu pour récapituler les acquis.

Chaque groupe ne travaille que sur un plateau. Lors de la séance suivante, un récapitulatif est fourni aux élèves et permet de faire le point sur les aspects compris. Ensuite, dans l'hypothèse d'une utilisation du jeu en vue de la lecture d'un ouvrage sur la mythologie, le cours peut être mené à l'aide de l'activité et de la fiche récap, qui peut servir de base, de la façon choisie par l'enseignant(e) :

- rédaction d'un texte introductif reprenant les éléments compris, les personnages, les liens qu'ils entretiennent, les lieux explorés… Ce texte doit être plus développé que celui de la fiche récap et aborder tous les points ;
- cours dialogué avec un plan prédéfini par l'enseignant(e) ;
- trace écrite construite avec les élèves en fonction de ce qu'ils ont retenu. Il est possible dans ce cas de projeter aux élèves plateaux et/ou documents supports de l'activité.

Les dieux de l'Olympe

Chaos

Uranus *Ouranos* — Terra *Gaïa*

Saturne *Cronos* — Cybèle *Rhéa*

Vesta *Hestia*
- **Déesse du foyer**
- **Attribut** : le feu sacré

Neptune *Poséidon*
- **Dieu des mers et des océans**
- **Attributs** : le trident, le cheval

Pluton *Hadès*
- **Dieu des Enfers**
- **Attributs** : le trône, le sceptre à deux fourches, le chien Cerbère

Cérès *Déméter*
- **Déesse de la fertilité et des plantes**
- **Attribut** : la gerbe de blé

Jupiter *Zeus*
- **Roi des dieux, maître du ciel et de l'orage**
- **Attributs** : le sceptre et la foudre

Junon *Héra*
- **Déesse du mariage**
- **Attributs** : la couronne et le sceptre, le paon

Apollon
- **Mère** : *Léto* – Latone
- **Dieu de la musique, des arts et de la divination**
- **Attributs** : la lyre et le laurier, le soleil

Diane *Artémis*
- **Mère** : *Léto* – Latone
- **Déesse de la chasse et de la nature**
- **Attributs** : l'arc et les flèches, la biche et la Lune

Minerve *Athéna*
- **Mère** : Métis
- **Déesse de la sagesse et du combat, protectrice d'Athènes**
- **Attributs** : le casque et le bouclier, la chouette

Mercure *Hermès*
- **Mère** : Maïa
- **Dieu du commerce et des voleurs, messager des dieux**
- **Attributs** : le caducée et les sandales ailées

Bacchus *Dionysos*
- **Mère** : Sémélé
- **Dieu du vin et de l'excès**
- **Attributs** : la vigne et le lierre, le bouc

Vénus *Aphrodite*
- **Mère** : Dioné
- **Déesse de l'amour et de la beauté**
- **Attributs** : le miroir, la colombe

Mars *Arès*
- **Dieu de la guerre**
- **Attributs** : le casque et les armes

Vulcain *Héphaïstos*
- **Dieu du feu et des forgerons**
- **Attributs** : le marteau et l'enclume

Alphabet grec

À PHOTOCOPIER

Nom	Majuscule	Minuscule	Prononciation et transcription
alpha	Α	α	[a] → arc
bêta	Β	β	[b] → bleu
gamma	Γ	γ	[g] → gare
delta	Δ	δ	[d] → date
epsilon	Ε	ε	[e] → clé
zêta	Ζ	ζ	[dz] → pizza
êta	Η	η	[ε] → crème
thêta	Θ	θ	[t] → thème
iota	Ι	ι	[i] → lire
kappa	Κ	κ	[k] → kilo
lambda	Λ	λ	[l] → lune
mu	Μ	μ	[m] → miel
nu	Ν	ν	[n] → niveau
xi	Ξ	ξ	[ks] → accent
omicron	Ο	ο	[o] → sot
pi	Π	π	[p] → père
rhô	Ρ	ρ	[r] → rue /rhume
sigma	Σ	σ/ς en fin de mot	[s] → danse
tau	Τ	τ	[t] → toile
upsilon	Υ	υ	[u] ou [i] → allure / analyse
phi	Φ	φ	[f] → philosophie
khi	Χ	χ	[k] → chorale
psi	Ψ	ψ	[ps] → capsule
oméga	Ω	ω	[ɔ] → tort

Le plateau pas à pas 1

ÉTAPE 1 — 8 min

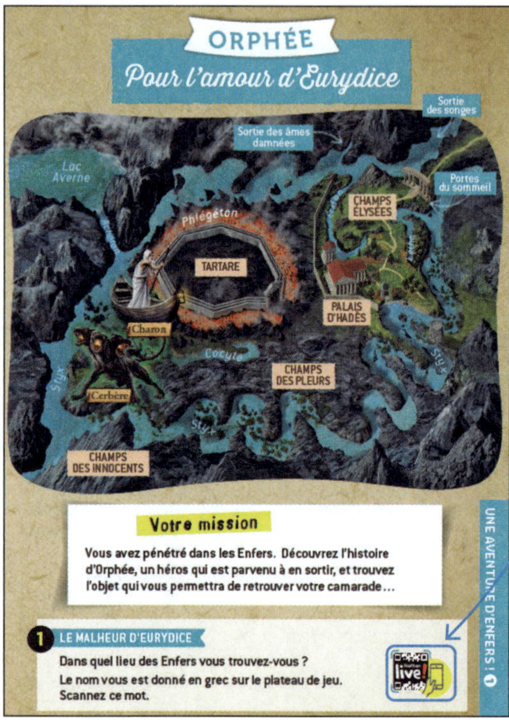

Guidage et relances

La première étape invite les élèves à repérer l'endroit des Enfers dans lequel ils se trouvent.

- Laisser découvrir les documents : décor et textes du plateau, plan des Enfers sur la feuille de route, alphabet grec.
- Attirer l'attention sur le picto **Nathan Live!** indiquant un scan à effectuer. Les élèves doivent scanner le mot en grec sur le plateau. et utiliser l'alphabet grec fourni afin de le transcrire et de le saisir sur l'application.
- Le mot « Tartare » saisi sur l'application débloque l'image d'une moitié de parchemin dont l'autre moitié figure sur le plateau. Le texte complet invite à repérer et à scanner la vipère sur le plateau.
- On peut inciter l'équipe à cliquer sur le parchemin pour agrandir l'image.

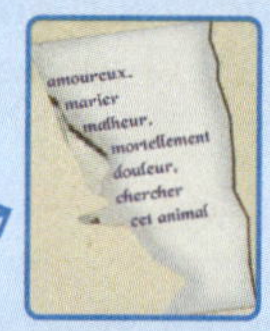

ÉTAPE 2 — 7 min

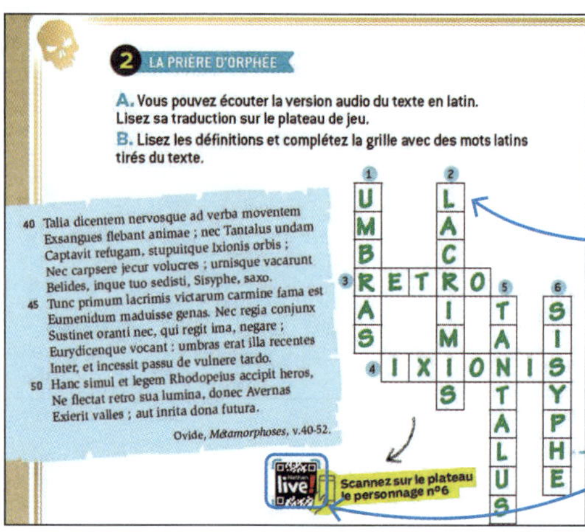

Guidage et relances

Avec le scan de la vipère, les joueurs accèdent à la version audio du **texte latin** et aux définitions de la grille de mots croisés.

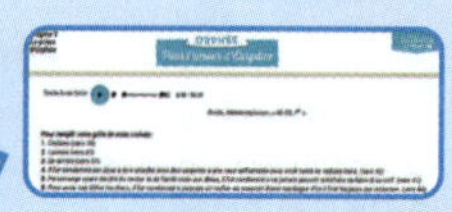

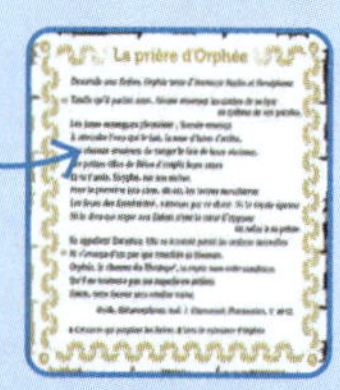

- Attirer leur attention sur la présence de la traduction du texte en français sur le plateau. Les inciter à le **lire avant de compléter les mots croisés.**
- Rappeler si besoin que les mots à compléter doivent être en **latin**. Ils sont à prélever dans le texte (chaque définition indique la ligne du texte où se trouve le mot).
- Les inviter à s'aider des personnages dessinés sur le plateau.
- Le picto **Nathan Live!** invite les élèves à scanner le personnage n°6, Sisyphe, sur le plateau.

ÉTAPE 3 — 15 min

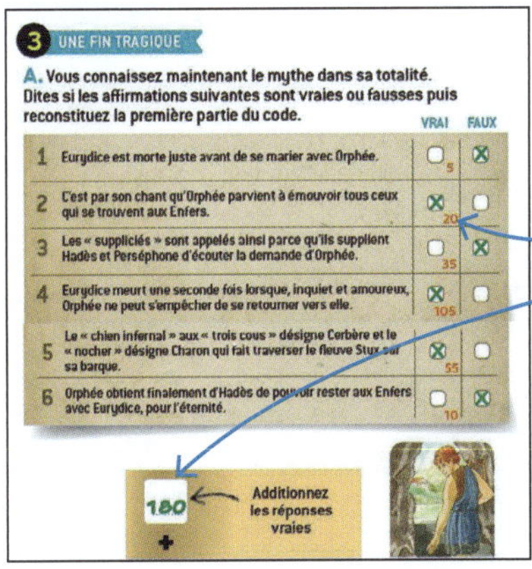

3 UNE FIN TRAGIQUE

A. Vous connaissez maintenant le mythe dans sa totalité. Dites si les affirmations suivantes sont vraies ou fausses puis reconstituez la première partie du code.

		VRAI	FAUX
1	Eurydice est morte juste avant de se marier avec Orphée.	☐ 5	☒
2	C'est par son chant qu'Orphée parvient à émouvoir tous ceux qui se trouvent aux Enfers.	☒ 20	☐
3	Les « suppliciés » sont appelés ainsi parce qu'ils supplient Hadès et Perséphone d'écouter la demande d'Orphée.	☐ 35	☒
4	Eurydice meurt une seconde fois lorsque, inquiet et amoureux, Orphée ne peut s'empêcher de se retourner vers elle.	☒ 105	☐
5	Le « chien infernal » aux « trois cous » désigne Cerbère et le « nocher » désigne Charon qui fait traverser le fleuve Styx sur sa barque.	☒ 55	☐
6	Orphée obtient finalement d'Hadès de pouvoir rester aux Enfers avec Eurydice, pour l'éternité.	☐ 10	☒

180 ← Additionnez les réponses vraies

\+

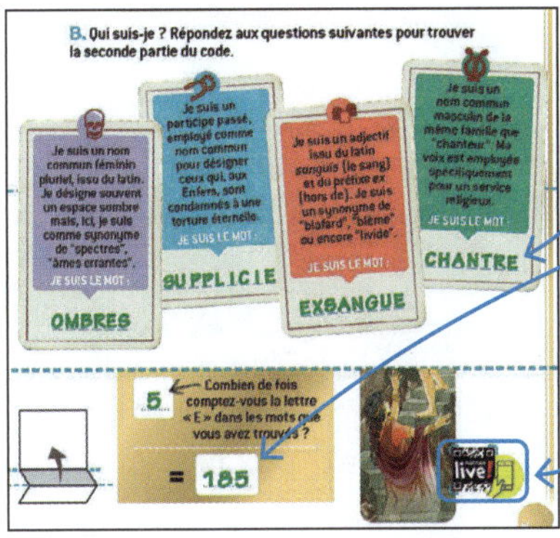

B. Qui suis-je ? Répondez aux questions suivantes pour trouver la seconde partie du code.

Je suis un nom commun féminin pluriel, issu du latin. Je désigne souvent un espace sombre mais, ici, je suis comme synonyme de "spectres", "âmes errantes". JE SUIS LE MOT : OMBRES

Je suis un participe passé, employé comme nom commun pour désigner ceux qui, aux Enfers, sont condamnés à une torture éternelle. JE SUIS LE MOT : SUPPLICIE

Je suis un adjectif issu du latin sanguis (le sang) et du préfixe ex (hors de). Je suis un synonyme de "blafard", "blême" ou encore "livide". JE SUIS LE MOT : EXSANGUE

Je suis un nom commun masculin de la même famille que "chanteur". Ma voix est employée spécifiquement pour un service religieux. JE SUIS LE MOT : CHANTRE

5 ← Combien de fois comptez-vous la lettre « E » dans les mots que vous avez trouvés ?

= 185

Guidage et relances

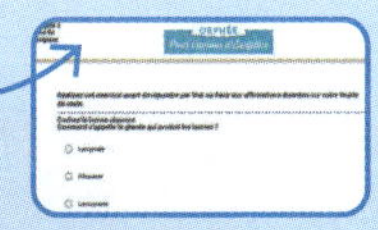

- Avec le scan de Sisyphe, les élèves réalisent un quiz de vocabulaire. Le quiz terminé, ils accèdent à un **audio** qui leur raconte la fin du mythe.
L'étape 3 est ensuite constituée de deux parties.
Partie A L'équipe doit répondre à un **questionnaire** puis **additionner les nombres roses situés sous les réponses vraies**, pour trouver la première partie d'un code (ici, 180).
- Inciter les élèves à écouter avec attention l'audio, voire à procéder à deux écoutes. Bien préciser que les questions portent sur tout ce qui a été vu depuis le début du jeu.
- Si les réponses trouvées sont erronées, leur donner le texte écrit (voir p. 62) afin qu'ils puissent le vérifier.
Partie B Elle propose une **activité lexicale** : l'équipe doit trouver des mots en s'aidant des définitions données sur la feuille de route.
Les quatre mots sont dans le texte d'Ovide sur le plateau.
Le nombre de « E » figurant dans les mots trouvés fournit la deuxième partie du code (ici, 5).
- Pour poursuivre, les joueurs doivent effectuer un **pliage** leur permettant d'additionner les codes de la partie A et de la partie B. Attirer éventuellement l'attention des élèves sur les tirets qui marquent les plis à réaliser.
- Le picto **Nathan Live!** les invite à scanner l'image reconstituée par le pliage et à rentrer le code définitif (185) dans l'application.

- Si, après quelques tentatives, les élèves ne parviennent pas à trouver le bon code, leur donner la réponse afin de leur permettre de poursuivre l'activité.

ÉTAPE 4 — 5 min

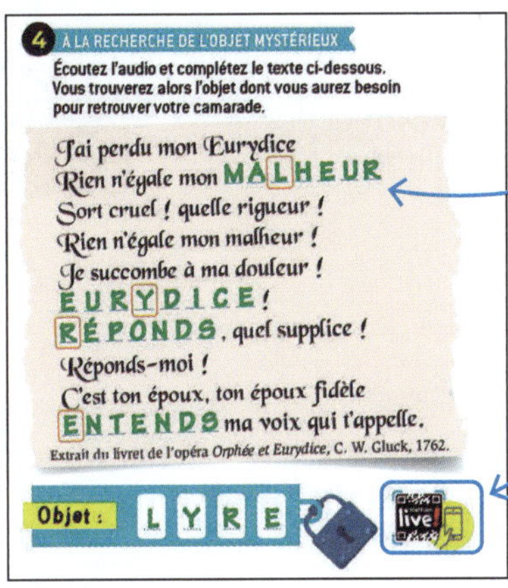

4 À LA RECHERCHE DE L'OBJET MYSTÉRIEUX

Écoutez l'audio et complétez le texte ci-dessous. Vous trouverez alors l'objet dont vous aurez besoin pour retrouver votre camarade.

J'ai perdu mon Eurydice
Rien n'égale mon MALHEUR
Sort cruel ! quelle rigueur !
Rien n'égale mon malheur !
Je succombe à ma douleur !
EURYDICE !
RÉPONDS, quel supplice !
Réponds-moi !
C'est ton époux, ton époux fidèle
ENTENDS ma voix qui t'appelle.

Extrait du livret de l'opéra *Orphée et Eurydice*, C. W. Gluck, 1762.

Objet : LYRE

Guidage et relances

- Une fois le code saisi dans l'application, les joueurs écoutent un extrait d'opéra et complètent sur la feuille de route la retranscription du texte qu'ils ont entendu chanter.
- Les lettres encadrées constituent un mot désignant l'objet recherché, la lyre, à scanner avec **Nathan Live!** sur le plateau.

- En cas d'erreurs, vérifier avec les élèves l'orthographe des mots. Là encore, plusieurs écoutes sont possibles.

ÉTAPE 5 — 10 min

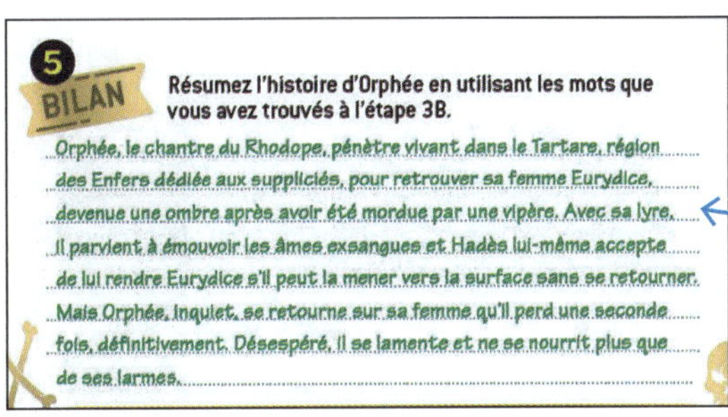

5 BILAN Résumez l'histoire d'Orphée en utilisant les mots que vous avez trouvés à l'étape 3B.

Orphée, le chantre du Rhodope, pénètre vivant dans le Tartare, région des Enfers dédiée aux suppliciés, pour retrouver sa femme Eurydice, devenue une ombre après avoir été mordue par une vipère. Avec sa lyre, il parvient à émouvoir les âmes exsangues et Hadès lui-même accepte de lui rendre Eurydice s'il peut la mener vers la surface sans se retourner. Mais Orphée, inquiet, se retourne sur sa femme qu'il perd une seconde fois, définitivement. Désespéré, il se lamente et ne se nourrit plus que de ses larmes.

Guidage et relances

- Une fois la lyre scannée, les élèves accèdent à un message de félicitation. Il se termine en incitant les élèves à reformuler ce qu'ils ont compris de l'histoire, en utilisant les mots découverts lors de l'étape 3B.

- Si l'équipe ne parvient pas jusqu'à cette étape, cette dernière peut tout à fait être réalisée lors de la séance de restitution en classe.

Le plateau pas à pas

ÉTAPE 1 8 min

Guidage et relances

La première étape invite les élèves à repérer l'endroit des Enfers dans lequel ils se trouvent.

- Laisser découvrir les documents : décor et textes du plateau, plan des Enfers sur la feuille de route, alphabet grec.
- Attirer l'attention sur le picto **Nathan Live!** indiquant un scan à effectuer. Les élèves doivent scanner le mot en grec sur le plateau et utiliser l'alphabet grec fourni afin de le traduire et de le saisir sur l'application.

- Le mot « Cerbère » saisi sur l'application débloque l'image d'une moitié de parchemin dont l'autre moitié figure sur le plateau. Le texte complet invite à repérer et à scanner la tête de lion sur le plateau.

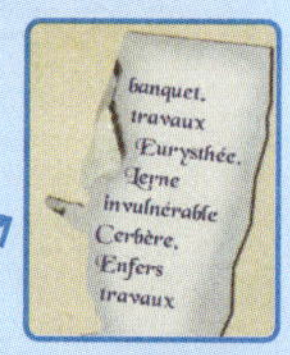

- On peut inciter l'équipe à cliquer sur le parchemin pour agrandir l'image.

ÉTAPE 2 7 min

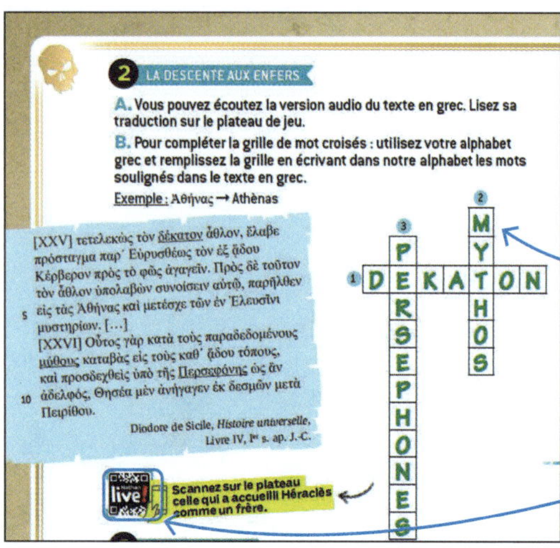

Guidage et relances

Avec le scan de la tête de lion, les joueurs accèdent à la version **audio du texte grec** et aux définitions de la grille de mots croisés.

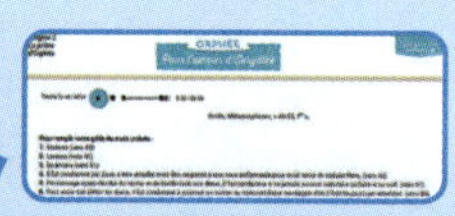

- Attirer leur attention sur la présence de la traduction du texte en français sur le plateau. Les inciter à le **lire avant de compléter les mots croisés**.

- Rappeler si besoin que les mots à compléter doivent être en **en grec, transcrits dans notre alphabet latin**. Ces mots sont soulignés dans le texte grec.
- Les inviter à s'aider des personnages dessinés sur le plateau.
- Le picto **Nathan Live!** invite les élèves à scanner sur le plateau « celle qui a accueilli Héraclès comme un frère », c'est-à-dire Perséphone, sur le plateau.

ÉTAPE 3 — 15 min

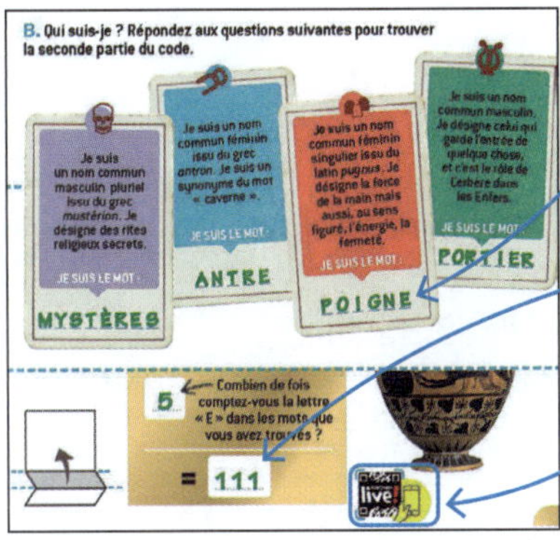

Guidage et relances

- Avec le scan de Perséphone, les élèves réalisent un quiz de vocabulaire. Le quiz terminé, ils accèdent à un **audio** qui leur raconte la fin du mythe. L'étape 3 est ensuite constituée de deux parties.

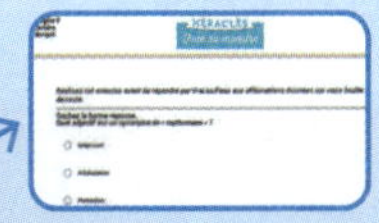

Partie A L'équipe doit répondre à un **questionnaire** puis **additionner les nombres roses situés sous les réponses vraies,** pour trouver la première partie d'un code (ici, 106).
- Inciter les élèves à écouter avec attention l'audio, voire à procéder à deux écoutes. Bien préciser que les questions portent sur **tout ce qui a été vu depuis le début du jeu.**
- Si les réponses trouvées sont erronées, leur donner le texte écrit (voir p. 62) afin qu'ils puissent le vérifier.

Partie B Elle propose une **activité lexicale** : l'équipe doit trouver des mots en s'aidant des définitions données sur la feuille de route.
Mystères vient du texte de Diodore, *antre* et *poigne* sont dans l'audio, *portier* est sur le parchemin.
Le nombre de « E » figurant dans les mots trouvés fournit la deuxième partie du code (ici, 5).
- Pour poursuivre, les joueurs doivent effectuer un **pliage** leur permettant d'additionner les codes de la partie A et de la partie B. Attirer éventuellement l'attention des élèves sur les tirets qui marquent les plis à réaliser.
- Le picto **Nathan Live!** les invite à scanner l'image reconstituée par le pliage et à rentrer le code définitif (111) dans l'application.

- Si, après quelques tentatives, les élèves ne parviennent pas à trouver le bon code, leur donner la réponse afin de leur permettre de poursuivre l'activité.

ÉTAPE 4 — 5 min

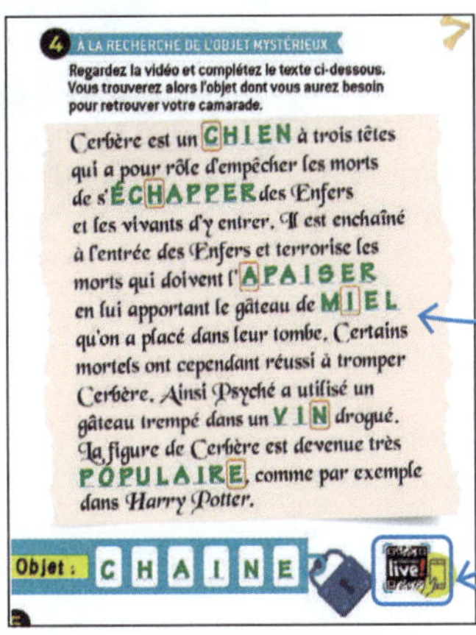

Guidage et relances

- Une fois le code saisi dans l'application, les joueurs visionnent un diaporama sur Cerbère et complètent sur la feuille de route le texte à trous avec les éléments qu'ils ont vus/entendus.

- Les lettres encadrées constituent un mot désignant l'objet recherché, la chaîne, à scanner avec **Nathan Live!** sur le plateau.

- En cas d'erreurs, vérifier avec les élèves l'orthographe des mots. Là encore, plusieurs écoutes sont possibles.

ÉTAPE 5 — 10 min

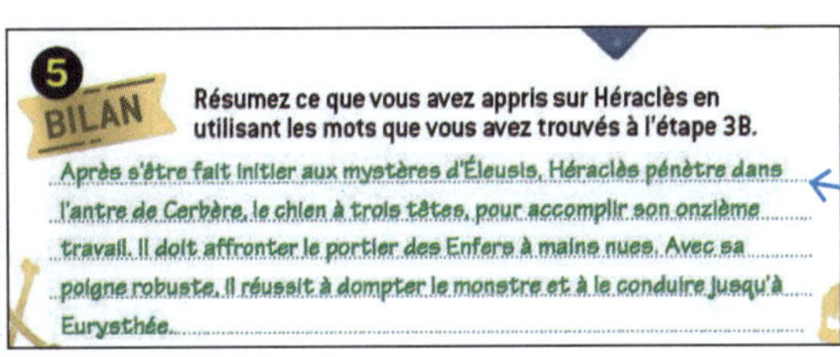

Guidage et relances

- Une fois la chaîne scannée, les élèves accèdent à un message de félicitation. Il se termine en incitant les élèves à reformuler ce qu'ils ont compris de l'histoire, en utilisant les mots découverts lors de l'étape 3B.

- Si l'équipe ne parvient pas jusqu'à cette étape, cette dernière peut tout à fait être réalisée lors de la séance de restitution en classe.

Le plateau 3 pas à pas

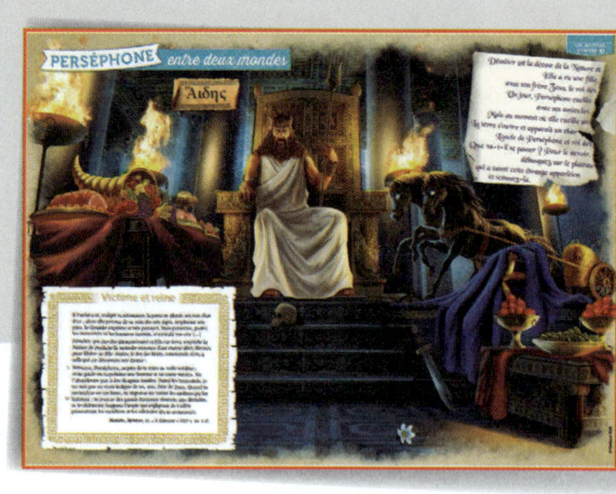

ÉTAPE 1 — 8 min

Guidage et relances

La première étape invite les élèves à repérer chez quel personnage des Enfers ils se trouvent.

- Laisser découvrir les documents : décor et textes du plateau, plan des Enfers sur la feuille de route, alphabet grec.
- Attirer l'attention sur le picto **Nathan Live!** indiquant un scan à effectuer. Les élèves doivent scanner le mot en grec sur le plateau. et utiliser l'alphabet grec fourni afin de le traduire et de le saisir sur l'application.

- Le mot « Hadès » saisi sur l'application débloque l'image d'une moitié de parchemin dont l'autre moitié figure sur le plateau. Le texte complet invite à repérer et à scanner la fleur de narcisse sur le plateau.

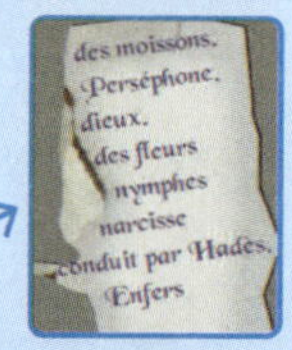

- On peut inciter l'équipe à cliquer sur le parchemin pour agrandir l'image.

ÉTAPE 2 — 7 min

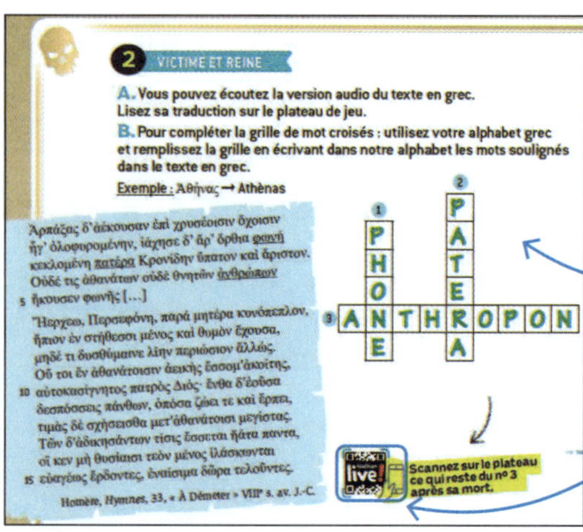

Guidage et relances

Avec le scan du narcisse, les joueurs accèdent à la version **audio du texte grec** et aux définitions de la grille de mots croisés.

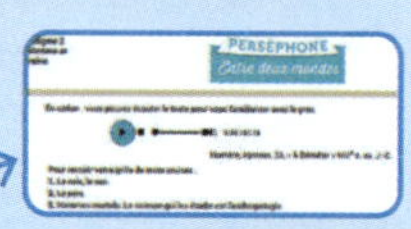

- Attirer leur attention sur la présence de la traduction du texte en français sur le plateau. Les inciter à le **lire avant de compléter les mots croisés.**

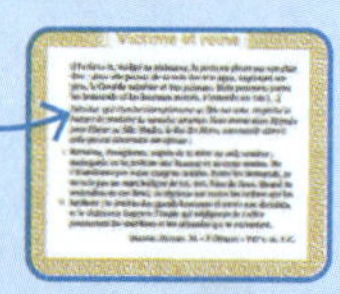

- Rappeler si besoin que les mots à compléter doivent être en **en grec, transcrits dans notre alphabet latin**. Ces mots sont soulignés dans le texte grec.
- Le picto **Nathan Live!** invite les élèves à scanner sur le plateau « ce qui reste du n°3 après sa mort », c'est-à-dire le crâne, sur le plateau.

ÉTAPE 3 15 min

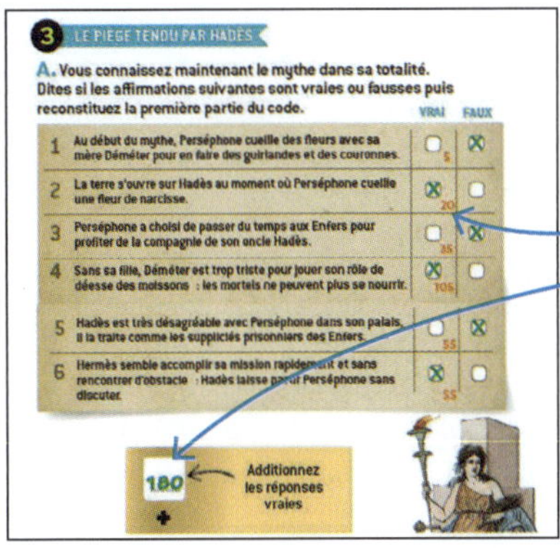

Guidage et relances

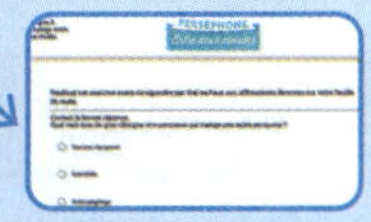

- Avec le scan du crâne, les élèves réalisent un quiz de vocabulaire. Le quiz terminé, ils accèdent à un **audio** qui leur raconte la fin du mythe. L'étape 3 est ensuite constituée de deux parties.
  Partie A L'équipe doit répondre à un **questionnaire** puis **additionner les nombres roses situés sous les réponses vraies,** pour trouver la première partie d'un code (ici, 180).
- Inciter les élèves à écouter avec attention l'audio, voire à procéder à deux écoutes. Bien préciser que les questions portent sur **tout ce qui a été vu depuis le début du jeu**.
- Si les réponses trouvées sont erronées, leur donner le texte écrit (voir p. 62) afin qu'ils puissent le vérifier.
  Partie B Elle propose une **activité lexicale** : l'équipe doit trouver des mots en s'aidant des définitions données sur la feuille de route.
  Nymphe et *narcisse* sont dans le parchemin, *immortels* et *semence* sont dans le texte d'Homère.
  Le nombre de « E » figurant dans les mots trouvés fournit la deuxième partie du code (ici, 6).
- Pour poursuivre, les joueurs doivent effectuer un **pliage** leur permettant d'additionner les codes de la partie A et de la partie B. Attirer éventuellement l'attention des élèves sur les tirets qui marquent les plis à réaliser.
- Le picto **Nathan Live!** les invite à scanner l'image reconstituée par le pliage et à rentrer le code définitif (186) dans l'application.

- Si, après quelques tentatives, les élèves ne parviennent pas à trouver le bon code, leur donner la réponse afin de leur permettre de poursuivre l'activité.

ÉTAPE 4 5 min

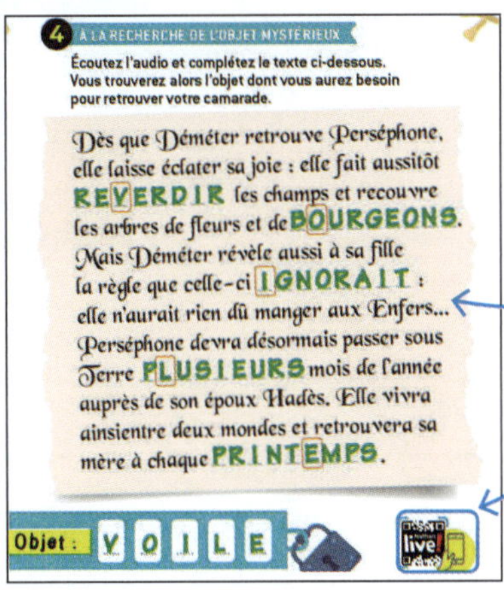

Guidage et relances

- Une fois le code saisi dans l'application, les joueurs visionnent un diaporama sur Déméter et complètent sur la feuille de route le texte à trous avec les éléments qu'ils ont vus/entendus.

- Les lettres encadrées constituent un mot désignant l'objet recherché, le voile, à scanner avec **Nathan Live!** sur le plateau.

- En cas d'erreurs, vérifier avec les élèves l'orthographe des mots. Là encore, plusieurs écoutes sont possibles.

ÉTAPE 5 10 min

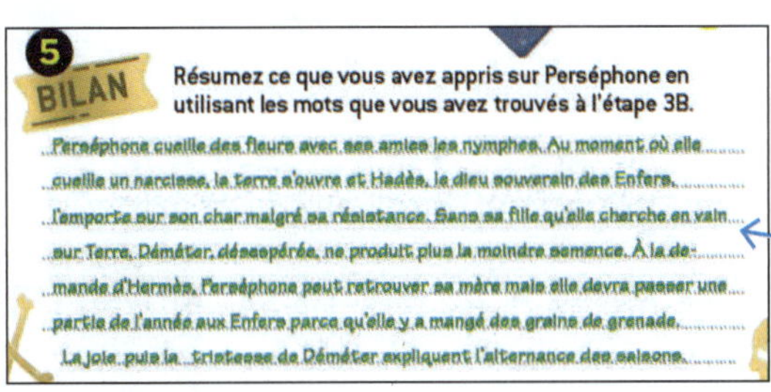

Guidage et relances

- Une fois le voile scanné, les élèves accèdent à un message de félicitation. Il se termine en incitant les élèves à reformuler ce qu'ils ont compris de l'histoire, en utilisant les mots découverts lors de l'étape 3B.

- Si l'équipe ne parvient pas jusqu'à cette étape, cette dernière peut tout à fait être réalisée lors de la séance de restitution en classe.

Le plateau 4 pas à pas

ÉTAPE 1 — 8 min

Guidage et relances

La première étape invite les élèves à repérer l'endroit des Enfers dans lequel ils se trouvent.

- Laisser découvrir les documents : décor et textes du plateau, plan des Enfers sur la feuille de route, alphabet grec.
- Attirer l'attention sur le picto **Nathan Live!** indiquant un scan à effectuer. Les élèves doivent scanner le mot en grec sur le plateau. et utiliser l'alphabet grec fourni afin de le transcrire et de le saisir sur l'application.

- Le mot « Charon » saisi sur l'application débloque l'image d'une moitié de parchemin dont l'autre moitié figure sur le plateau. Le texte complet invite à repérer et à scanner la cassette sur le plateau.

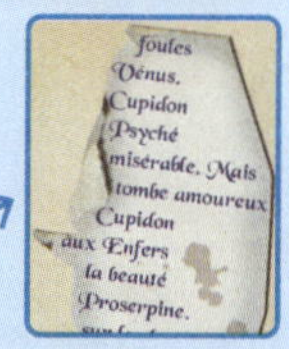

- On peut inciter l'équipe à cliquer sur le parchemin pour agrandir l'image.

ÉTAPE 2 — 7 min

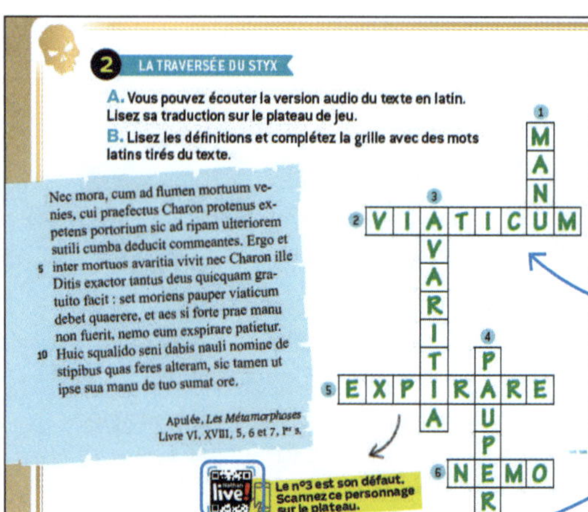

Guidage et relances

Avec le scan de la cassette, les joueurs accèdent à la version **audio du texte latin** et aux définitions de la grille de mots croisés.

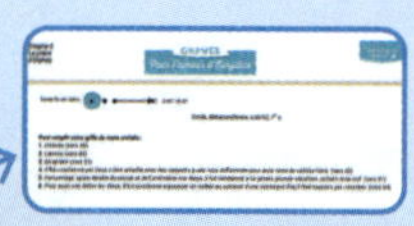

- Attirer leur attention sur la présence de la traduction du texte en français sur le plateau. Les inciter à le **lire avant de compléter les mots croisés.**

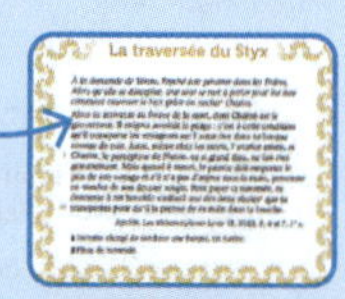

- Rappeler si besoin que les mots à compléter doivent être en **latin**. Ils sont à prélever dans le texte (chaque définition indique la ligne du texte où se trouve le mot).
- Le picto **Nathan Live!** invite les élèves à scanner « celui dont l'avarice est le défaut », Charon, sur le plateau.

ÉTAPE 3 — 15 min

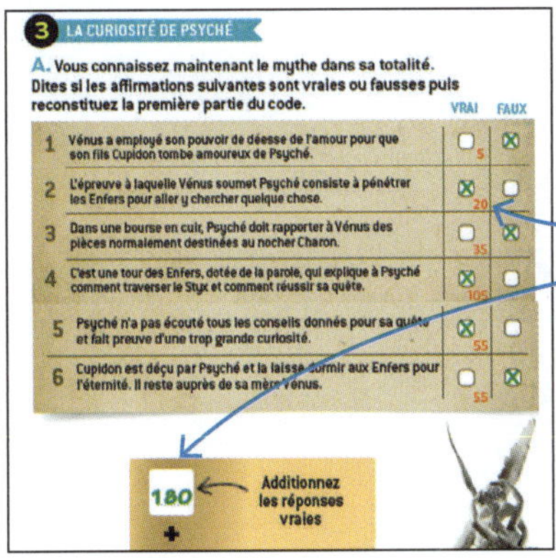

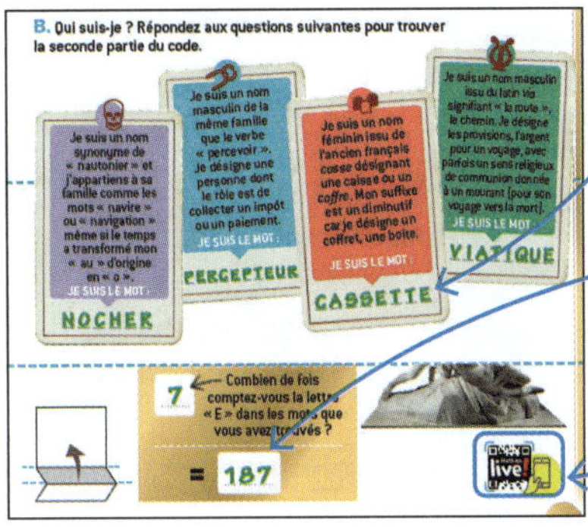

Guidage et relances

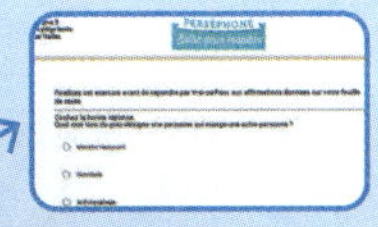

- Avec le scan de Charon, les élèves réalisent un quiz de vocabulaire. Le quiz terminé, ils accèdent à un **audio** qui leur raconte la fin du mythe. L'étape 3 est ensuite constituée de deux parties.
Partie A L'équipe doit répondre à un **questionnaire** puis **additionner les nombres roses situés sous les réponses vraies**, pour trouver la première partie d'un code (ici, 180).
- Inciter les élèves à écouter avec attention l'audio, voire à procéder à deux écoutes. Bien préciser que les questions portent sur **tout ce qui a été vu depuis le début du jeu**.
- Si les réponses trouvées sont erronées, leur donner le texte écrit (voir p. 62) afin qu'ils puissent le vérifier.
Partie B Elle propose une **activité lexicale** : l'équipe doit trouver des mots en s'aidant des définitions données sur la feuille de route.
Nocher, *percepteur*, *viatique* sont dans le texte d'Apulée, *cassette* est dans le parchemin.
Le nombre de « E » figurant dans les mots trouvés fournit la deuxième partie du code (ici, 7).
- Pour poursuivre, les joueurs doivent effectuer un **pliage** leur permettant d'additionner les codes de la partie A et de la partie B. Attirer éventuellement l'attention des élèves sur les tirets qui marquent les plis à réaliser.
- Le picto **Nathan Live!** les invite à scanner l'image reconstituée par le pliage et à rentrer le code définitif (187) dans l'application.

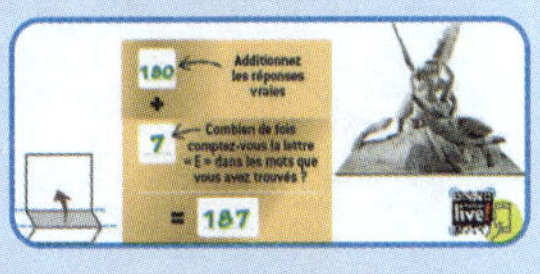

- Si, après quelques tentatives, les élèves ne parviennent pas à trouver le bon code, leur donner la réponse afin de leur permettre de poursuivre l'activité.

ÉTAPE 4 — 5 min

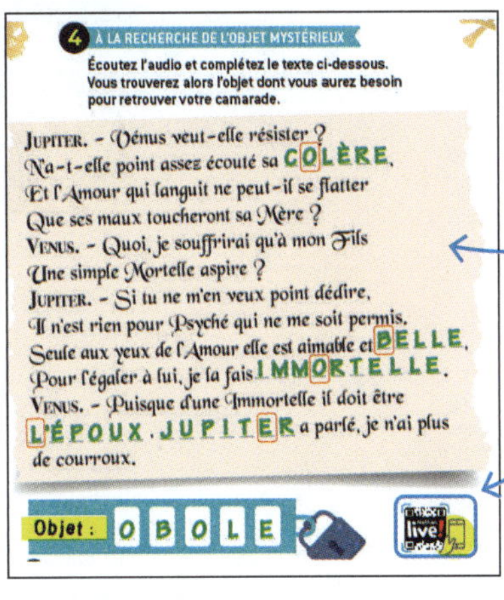

Guidage et relances

- Une fois le code saisi dans l'application, les joueurs écoutent un extrait d'opéra et complètent sur la feuille de route le texte à trous avec les éléments qu'ils ont vus/entendus.
- Les lettres encadrées constituent un mot désignant l'objet recherché, l'obole, à scanner avec **Nathan Live!** sur le plateau.

- En cas d'erreurs, vérifier avec les élèves l'orthographe des mots. Là encore, plusieurs écoutes sont possibles.

ÉTAPE 5 — 10 min

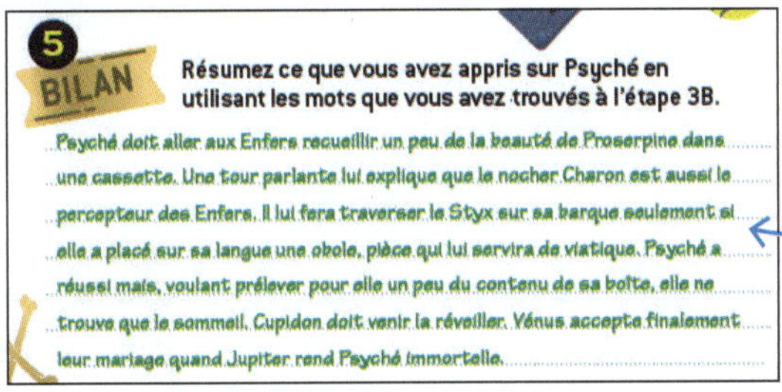

Guidage et relances

- Une fois l'obole scannée, les élèves accèdent à un message de félicitation. Il se termine en incitant les élèves à reformuler ce qu'ils ont compris de l'histoire, en utilisant les mots découverts lors de l'étape 3B.

- Si l'équipe ne parvient pas jusqu'à cette étape, cette dernière peut tout à fait être réalisée lors de la séance de restitution en classe.

Le plateau 5 pas à pas

ÉTAPE 1 — 8 min

Guidage et relances

La première étape invite les élèves à repérer l'endroit des Enfers dans lequel ils se trouvent.

- Laisser découvrir les documents : décor et textes du plateau, plan des Enfers sur la feuille de route, alphabet grec.
- Attirer l'attention sur le picto **Nathan Live!** indiquant un scan à effectuer. Les élèves doivent scanner le mot en grec sur le plateau. et utiliser l'alphabet grec fourni afin de le transcrire et de le saisir sur l'application.

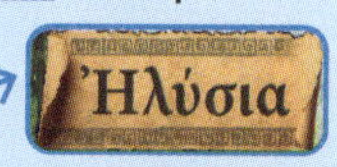

- Le mot « Élusia/Élysia » (pour Champs-Élysées) saisi sur l'application débloque l'image d'une moitié de parchemin dont l'autre moitié figure sur le plateau. Le texte complet invite à repérer et à scanner la prêtresse, c'est-à-dire la Sibylle de Cumes, sur le plateau.

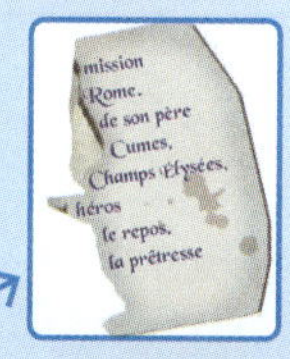

- On peut inciter l'équipe à cliquer sur le parchemin pour agrandir l'image.

ÉTAPE 2 — 7 min

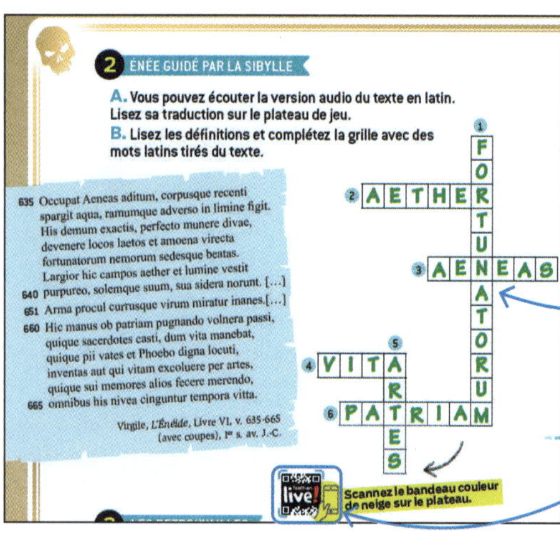
2 ÉNÉE GUIDÉ PAR LA SIBYLLE

A. Vous pouvez écouter la version audio du texte en latin. Lisez sa traduction sur le plateau de jeu.

B. Lisez les définitions et complétez la grille avec des mots latins tirés du texte.

635 Occupat Aeneas aditum, corpusque recenti
spargit aqua, ramumque adverso in limine figit.
His demum exactis, perfecto munere divae,
devenere locos laetos et amoena virecta
fortunatorum nemorum sedesque beatas.
Largior hic campos aether et lumine vestit
640 purpureo, solemque suum, sua sidera norunt. […]
651 Arma procul currusque virum miratur inanes.[…]
660 Hic manus ob patriam pugnando volnera passi,
quique sacerdotes casti, dum vita manebat,
quique pii vates et Phoebo digna locuti,
inventas aut qui vitam excoluere per artes,
quique sui memores alios fecere merendo,
665 omnibus his nivea cinguntur tempora vitta.

Virgile, *L'Énéide*, Livre VI, v. 635-665 (avec coupes), Ier s. av. J.-C.

1 FORTUNATORUM
2 AETHER
3 AENEAS
4 VITA
5 ARTES
6 PATRIAM

Scannez le bandeau couleur de neige sur le plateau.

Guidage et relances

Avec le scan de la prêtresse, les joueurs accèdent à la version **audio du texte latin** et aux définitions de la grille
de mots croisés.

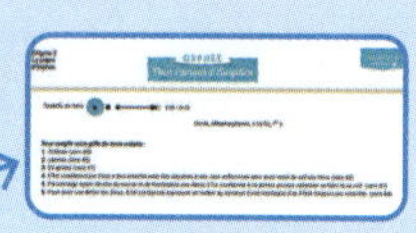

- Attirer leur attention sur la présence de la traduction du texte en français sur le plateau. Les inciter à le **lire avant de compléter les mots croisés**.

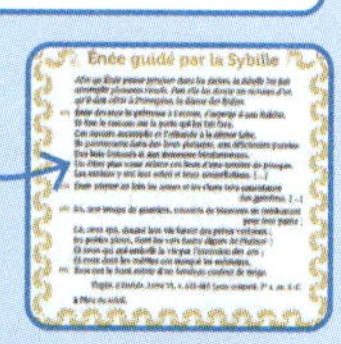

- Rappeler si besoin que les mots à compléter doivent être en **latin**. Ils sont à prélever dans le texte (chaque définition indique la ligne du texte où se trouve le mot).
- Le picto **Nathan Live!** invite les élèves à scanner « le bandeau couleur de neige », c'est-à-dire la tête de l'homme situé en bas à droite du plateau.

ÉTAPE 3 — 15 min

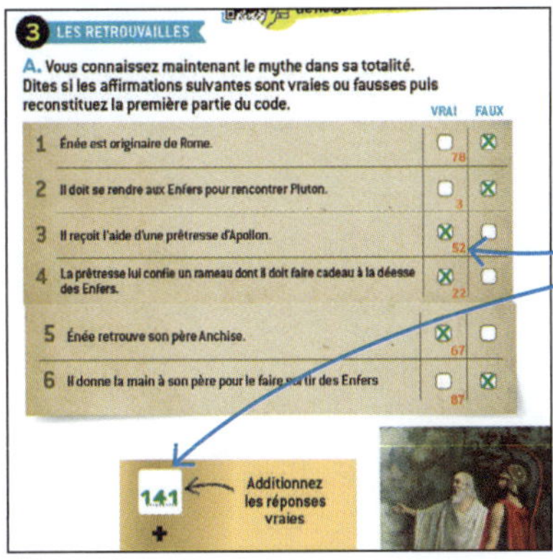

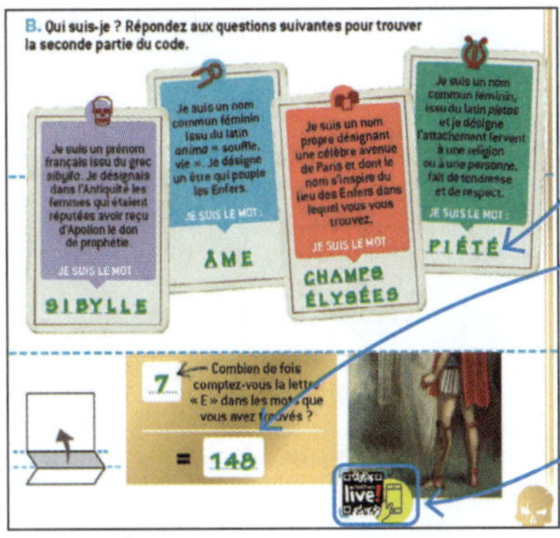

Guidage et relances

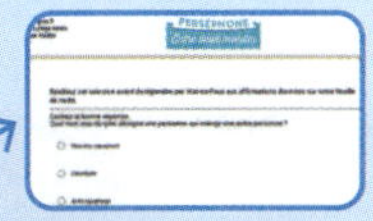

- Avec le scan du bandeau, les élèves réalisent un quiz de vocabulaire. Le quiz terminé, ils accèdent à un **audio** qui leur raconte la fin du mythe. L'étape 3 est ensuite constituée de deux parties.
  Partie A L'équipe doit répondre à un **questionnaire** puis **additionner les nombres roses situés sous les réponses vraies**, pour trouver la première partie d'un code (ici, 141).
- Inciter les élèves à écouter avec attention l'audio, voire à procéder à deux écoutes. Bien préciser que les questions portent sur **tout ce qui a été vu depuis le début du jeu.**
- Si les réponses trouvées sont erronées, leur donner le texte écrit (voir p. 62) afin qu'ils puissent le vérifier.
  Partie B Elle propose une **activité lexicale** : l'équipe doit trouver des mots en s'aidant des définitions données sur la feuille de route.
  Sibylle est dans le texte de Virgile, *âme* dans le parchemin, *piété* dans l'audio, *Champs-Élysées* sur le plan.
  Le nombre de « E » figurant dans les mots trouvés fournit la deuxième partie du code (ici, 7).
- Pour poursuivre, les joueurs doivent effectuer un **pliage** leur permettant d'additionner les codes de la partie A et de la partie B. Attirer éventuellement l'attention des élèves sur les tirets qui marquent les plis à réaliser.
- Le picto **Nathan Live!** les invite à scanner l'image reconstituée par le pliage et à rentrer le code définitif (148) dans l'application.

- Si, après quelques tentatives, les élèves ne parviennent pas à trouver le bon code, leur donner la réponse afin de leur permettre de poursuivre l'activité.

ÉTAPE 4 — 5 min

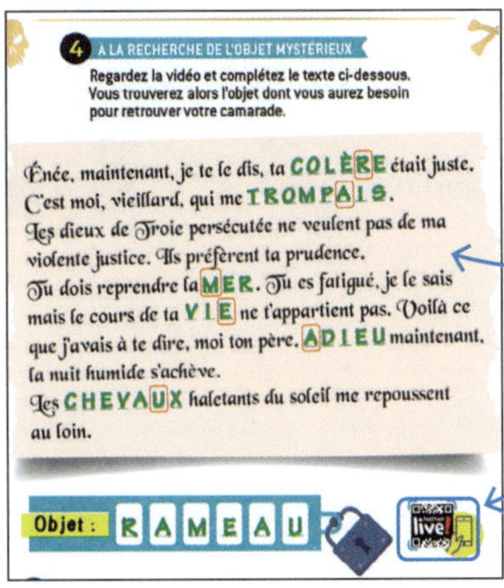

Guidage et relances

- Une fois le code saisi dans l'application, les joueurs visionnent un extrait de film et complètent sur la feuille de route le texte à trous avec les éléments qu'ils ont vus/entendus.
- Les lettres encadrées constituent un mot désignant l'objet recherché, le rameau, à scanner avec **Nathan Live!** sur le plateau.
- En cas d'erreurs, vérifier avec les élèves l'orthographe des mots. Là encore, plusieurs écoutes sont possibles.

ÉTAPE 5 — 10 min

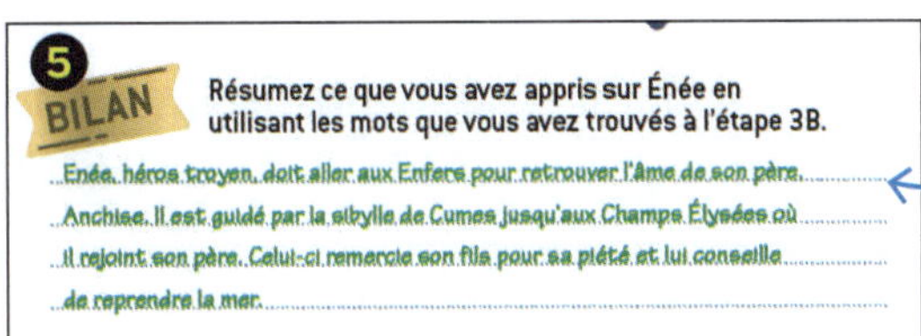

Guidage et relances

- Une fois le rameau scanné, les élèves accèdent à un message de félicitation. Il se termine en incitant les élèves à reformuler ce qu'ils ont compris de l'histoire, en utilisant les mots découverts lors de l'étape 3B.

- Si l'équipe ne parvient pas jusqu'à cette étape, cette dernière peut tout à fait être réalisée lors de la séance de restitution en classe.

Le plateau 6 pas à pas

ÉTAPE 1 8 min

Guidage et relances

La première étape invite les élèves à repérer l'endroit des Enfers dans lequel ils se trouvent.

- Laisser découvrir les documents : décor et textes du plateau, plan des Enfers sur la feuille de route, alphabet grec.
- Attirer l'attention sur le picto **Nathan Live!** indiquant un scan à effectuer. Les élèves doivent scanner le mot en grec sur le plateau. et utiliser l'alphabet grec fourni afin de le transcrire et de le saisir sur l'application.
- Le mot « Cocyte » (rivière des Enfers) saisi sur l'application débloque l'image d'une moitié de parchemin dont l'autre moitié figure sur le plateau. Le texte complet invite à repérer et à scanner la magicienne Circé qui se trouve à l'arrière-plan.
- On peut inciter l'équipe à cliquer sur le parchemin pour agrandir l'image.

ÉTAPE 2 7 min

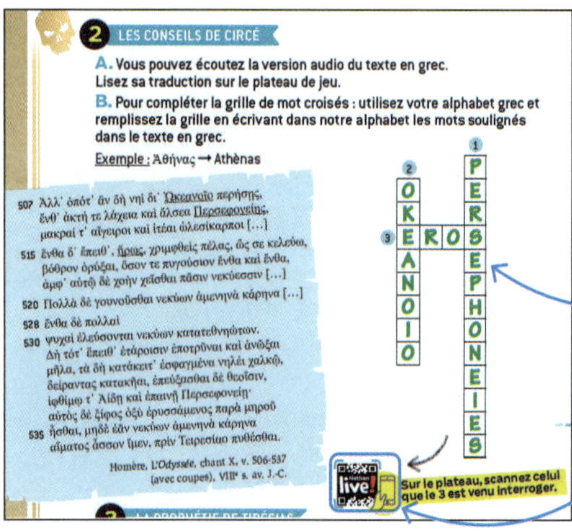

2 LES CONSEILS DE CIRCÉ

A. Vous pouvez écoutez la version audio du texte en grec. Lisez sa traduction sur le plateau de jeu.

B. Pour compléter la grille de mot croisés : utilisez votre alphabet grec et remplissez la grille en écrivant dans notre alphabet les mots soulignés dans le texte en grec.

Exemple : Ἀθήνας → Athènas

507 Ἀλλ᾽ ὁπότ᾽ ἂν δὴ νηὶ δι᾽ Ὠκεανοῖο περήσῃς,
ἔνθ᾽ ἀκτή τε λάχεια καὶ ἄλσεα Περσεφονείης,
μακραί τ᾽ αἴγειροι καὶ ἰτέαι ὠλεσίκαρποι [...]
515 ἔνθα δ᾽ ἔπειθ᾽, ἥρως, χριμφθεὶς πέλας, ὥς σε κελεύω,
βόθρον ὀρύξαι, ὅσον τε πυγούσιον ἔνθα καὶ ἔνθα,
ἀμφ᾽ αὐτῷ δὲ χοὴν χεῖσθαι πᾶσιν νεκύεσσιν [...]
520 Πολλὰ δὲ γουνοῦσθαι νεκύων ἀμενηνὰ κάρηνα [...]
528 ἔνθα δὲ πολλαὶ
530 ψυχαὶ ἐλεύσονται νεκύων κατατεθνηώτων.
Δὴ τότ᾽ ἔπειθ᾽ ἑτάροισιν ἐποτρῦναι καὶ ἀνῶξαι
μῆλα, τὰ δὴ κατάκειτ᾽ ἐσφαγμένα νηλέι χαλκῷ,
δείραντας κατακῆαι, ἐπεύξασθαι δὲ θεοῖσιν,
ἰφθίμῳ τ᾽ Ἀίδῃ καὶ ἐπαινῇ Περσεφονείῃ·
αὐτὸς δὲ ξίφος ὀξὺ ἐρυσσάμενος παρὰ μηροῦ
535 ἧσθαι, μηδὲ ἐᾶν νεκύων ἀμενηνὰ κάρηνα
αἵματος ἆσσον ἴμεν, πρὶν Τειρεσίαο πυθέσθαι.

Homère, L'*Odyssée*, chant X, v. 506-537 (avec coupes), VIIIe s. av. J.-C.

Guidage et relances

Avec le scan de Circé, les joueurs accèdent à la version **audio du texte grec** et aux définitions de la grille de mots croisés.

- Attirer leur attention sur la présence de la traduction du texte en français sur le plateau. Les inciter à le **lire avant de compléter les mots croisés.**
- Rappeler si besoin que les mots à compléter doivent être en **grec, transcrits dans notre alphabet latin**. Ces mots sont soulignés dans le texte grec.
- Le picto **Nathan Live!** invite les élèves à scanner sur le plateau « celui que le 3 est venu interroger », c'est-à-dire Tirésias, le fantôme sur le plateau.

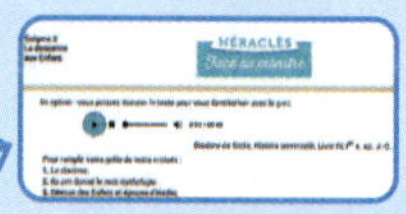

ÉTAPE 3 — 15 min

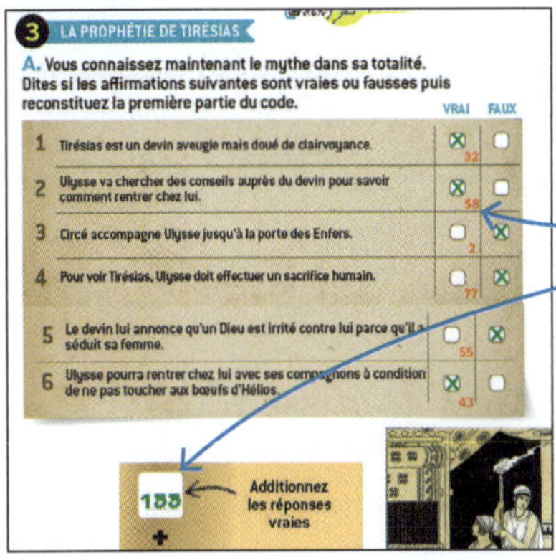

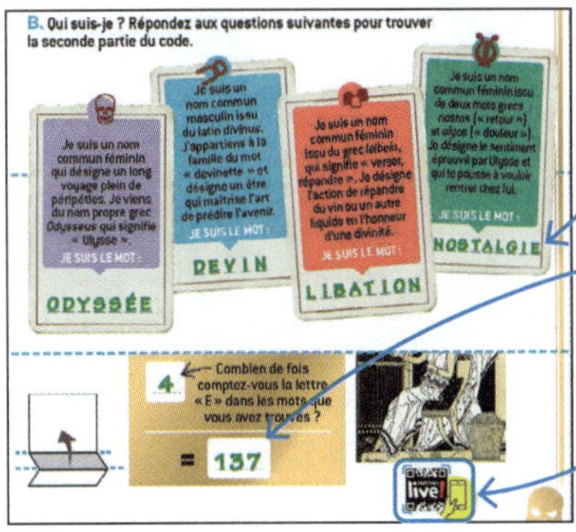

Guidage et relances

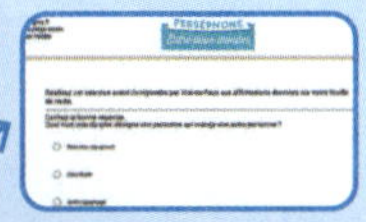

- Avec le scan de Tirésias, les élèves réalisent un quiz de vocabulaire. Le quiz terminé, ils accèdent à un **audio** qui leur raconte la fin du mythe. L'étape 3 est ensuite constituée de deux parties.
  Partie A L'équipe doit répondre à un **questionnaire** puis **additionner les nombres roses situés sous les réponses vraies**, pour trouver la première partie d'un code (ici, 135).
- Inciter les élèves à écouter avec attention l'audio, voire à procéder à deux écoutes. Bien préciser que les questions portent sur **tout ce qui a été vu depuis le début du jeu.**
- Si les réponses trouvées sont erronées, leur donner le texte écrit (voir p. 62) afin qu'ils puissent le vérifier.
  Partie B Elle propose une **activité lexicale** : l'équipe doit trouver des mots en s'aidant des définitions données sur la feuille de route.
  Devin, *libation* et *nostalgie* sont dans le texte d'Homère, *Odyssée* est dans le parchemin.
  Le nombre de « E » figurant dans les mots trouvés fournit la deuxième partie du code (ici, 4).
- Pour poursuivre, les joueurs doivent effectuer un **pliage** leur permettant d'additionner les codes de la partie A et de la partie B. Attirer éventuellement l'attention des élèves sur les tirets qui marquent les plis à réaliser.
- Le picto **Nathan Live!** les invite à scanner l'image reconstituée par le pliage et à rentrer le code définitif (137) dans l'application.

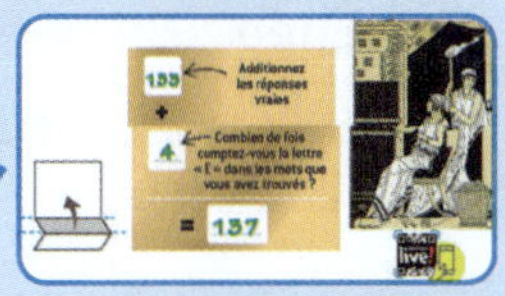

- Si, après quelques tentatives, les élèves ne parviennent pas à trouver le bon code, leur donner la réponse afin de leur permettre de poursuivre l'activité.

ÉTAPE 4 — 5 min

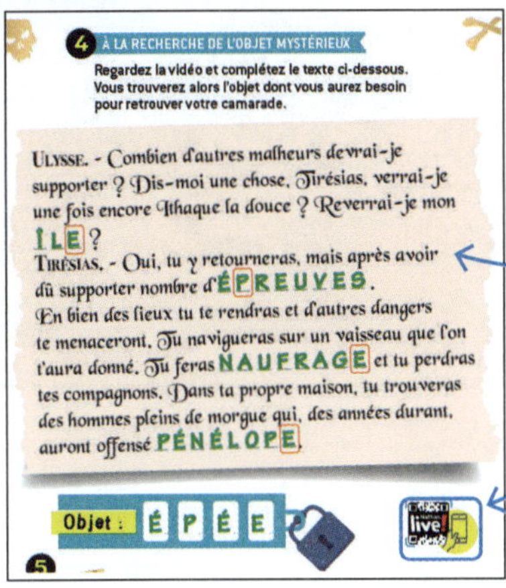

Guidage et relances

- Une fois le code saisi dans l'application, les joueurs visionnent un extrait de film et complètent sur la feuille de route le texte à trous avec les éléments qu'ils ont vus/entendus.
- Les lettres encadrées constituent un mot désignant l'objet recherché, l'épée, à scanner avec **Nathan Live!** sur le plateau.

- En cas d'erreurs, vérifier avec les élèves l'orthographe des mots. Là encore, plusieurs écoutes sont possibles.

ÉTAPE 5 — 10 min

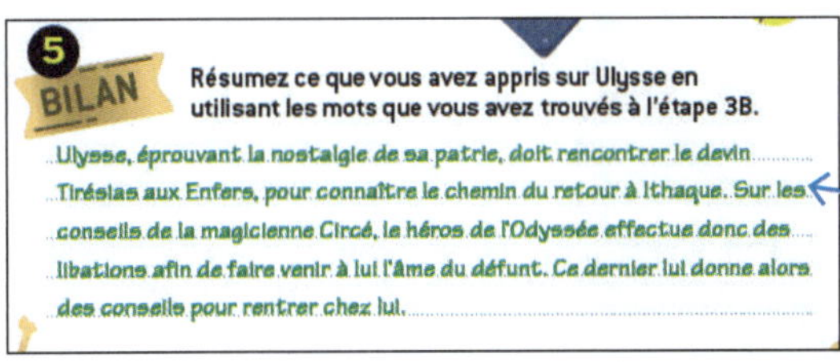

Guidage et relances

- Une fois l'épée scannée, les élèves accèdent à un message de félicitation. Il se termine en incitant les élèves à reformuler ce qu'ils ont compris de l'histoire, en utilisant les mots découverts lors de l'étape 3B.

- Si l'équipe ne parvient pas jusqu'à cette étape, cette dernière peut tout à fait être réalisée lors de la séance de restitution en classe.

Mise en commun et solution du jeu

10 min

MISE EN COMMUN

Une fois toutes les étapes réalisées, les équipes ont rempli leur mission et elles ont trouvé chacune un objet. Elles vont ensuite le donner à Hadès, qui va leur fournir (par l'intermédiaire de l'enseignant-e !) un plan quadrillé ainsi qu'un code de correspondance qui leur permettra de se déplacer sur le plan, jusqu'à l'endroit où se trouve leur camarade disparu.

Plateau	Zone des Enfers explorée	Objet
1 ➜ Orphée : Pour l'amour d'Eurydice	Tartare	Lyre
2 ➜ Héraclès : Face au monstre	Antre de Cerbère	Chaîne
3 ➜ Perséphone : Entre deux mondes	Palais d'Hadès	Voile
4 ➜ Psyché : Vers l'immortalité	Styx et Charon	Obole
5 ➜ Énée : En quête de son père	Champs-Élysées	Rameau d'or
6 ➜ Ulysse : Le mal du pays	Cocyte	Épée

Guidage et relances

- La mise en commun est une étape collaborative : les groupes devront donner le nom de chaque objet obtenu. Le plan peut être projeté au tableau ou bien chaque équipe peut en avoir un exemplaire.
- Le nom de chaque objet doit être inscrit, aux pieds d'Hadès, à l'emplacement indiqué par les chiffres qui correspondent aux numéros des 6 plateaux.
- Les trois premières lettres des objets sont cerclées de rouge, ce qui permet, en suivant l'ordre indiqué, de se déplacer sur le plan en utilisant le code de correspondance entre les lettres et les flèches de déplacement.
- Bien indiquer le point de départ aux élèves pour que les déplacements soient justes et finissent par arriver à la case **9B**, aux Portes du sommeil.
- Le tracé peut être fait au tableau par un membre de chaque équipe ou bien sur l'exemplaire papier distribué aux élèves.

SOLUTION DU JEU

Une fois arrivés aux Portes du sommeil, les élèves scannent cette case avec **Nathan Live!** et accèdent à une vidéo de victoire : Hadès va les féliciter d'avoir courageusement exploré les Enfers et retrouvé Aristide !

TOUTES LES RÉPONSES en un coup d'œil !

	Plateau 1 Orphée : Pour l'amour d'Eurydice	Plateau 2 Héraclès : Face au monstre	Plateau 3 Perséphone : Entre deux mondes	Plateau 4 Psyché : Vers l'immortalité	Plateau 5 Énée : En quête de son père	Plateau 6 Ulysse : Le mal du pays
ÉTAPE 1 8 min						
▶ **Lieu ou personnage à trouver**	Le Tartare	Cerbère	Le palais d'Hadès	Charon	Les Champs-Élysées	Le Cocyte
▶ **Image à scanner sur le plateau** live!	Étiquette en grec : **Τάρταρος**	Étiquette en grec : **Κέρβερος**	Étiquette en grec : **Ἅδης**	Étiquette en grec : **Χάρων**	Étiquette en grec : **Ἠλύσια**	Étiquette en grec : **Κώκυτός**
ÉTAPE 2 7 min						
▶ **Image à scanner sur le plateau** live!	La vipère	La tête de lion	Narcisse	Cassette	La sibylle	Circé
▶ **Mots croisés**	umbras • lacrimis • retro • Ixionis • Tantalus • Sisyphe	dekaton • mythous • Persephones	phone • patera • anthropon	manu • viaticum • avaritia • pauper • expirare • nemo	fortunatorum • aether • Aeneas • vita • artes • patriam	Persephoneies • okeanoio • eros
ÉTAPE 3 15 min						
▶ **Image à scanner sur le plateau** live!	Sisyphe	Perséphone	Crâne	Charon	Le fantôme en blanc, à droite du plateau	Tirésias
▶ **3 A. vrai/faux**	1/faux • 2/vrai • 3/faux • 4/vrai • 5/vrai • 6/faux **Total :** 180	1/faux • 2/vrai • 3/vrai • 4/faux • 5/faux • 6/vrai **Total :** 106	1/faux • 2/vrai • 3/faux • 4/vrai • 5/faux • 6/vrai **Total :** 180	1/faux • 2/vrai • 3/faux • 4/vrai • 5/vrai • 6/faux **Total :** 180	1/faux • 2/faux • 3/vrai • 4/vrai • 5/vrai • 6/faux **Total :** 141	1/vrai • 2/vrai • 3/faux • 4/faux • 5/faux • 6/vrai **Total :** 133
▶ **3 B. Qui suis-je ?**	ombres • supplicié • exsangue • chantre **Total :** 5	mystères • antre • poigne • portier **Total :** 5	nymphe • immortels • semence • narcisse **Total :** 6	nocher • percepteur • cassette • viatique **Total :** 7	Sibylle • âme • Champs-Élysées • piété **Total :** 7	odyssée • devin • libation • nostalgie **Total :** 4
▶ **Image à scanner sur la feuille de route** live!	Image reconstituée par le pliage de la feuille de route					
▶ **Addition des codes intermédiaires**	185	111	186	187	148	137
ÉTAPE 4 5 min						
▶ **Compléter un texte à trous**	malheur • Eurydice • réponds • entends **Objet : lyre**	chien • échapper • apaiser • miel • vin • populaire **Objet : chaîne**	reverdir • bourgeons • ignorait • plusieurs • printemps **Objet : voile**	colère • belle • immortelle • l'époux • Jupiter **Objet : obole**	colère • trompais • mer • vie • adieu • chevaux **Objet : rameau**	île • épreuve • naufrage • Pénélope **Objet : épée**
▶ **Image à scanner sur le plateau** live!	La lyre sur le dos d'Orphée	La chaîne posée dans l'herbe à gauche du plateau	Le voile posé sur un fauteuil à droite du plateau	L'obole, dans la barque de Charon	Le rameau d'or, dans la main d'Énée	L'épée, contre la jambe d'Ulysse
ÉTAPE 5 10 min						
▶ **Bilan**	**Trace écrite**					

MISE EN COMMUN ET SOLUTION DU JEU 10 min

En inscrivant le nom de chaque objet trouvé dans les cases prévues, les élèves reconstituent un code qui leur permet de se déplacer de case en case sur le plan quadrillé. Ils parviennent à la case 9B, les Portes du sommeil, où leur camarade s'est endormi. Ils scannent la case et accèdent à une vidéo de victoire.

Les mondes de Jules Verne 5e

Introduction

▶ Le jeu entre directement dans les thématiques du voyage et de l'aventure mais également dans celui des mondes imaginaires. Le scénario amène les élèves à enquêter, afin de découvrir les univers créés par Jules Verne. En effet, chaque plateau renvoie à un livre du célèbre auteur. Pour mener l'enquête, chaque groupe d'élèves explore les ouvrages et découvre des extraits écrits ou audios, les personnages ainsi que les dangers imaginés dans chaque univers. Ce jeu a été conçu comme un tremplin pour étudier une œuvre de Verne, une activité de conclusion suite à une étude mais également comme une ouverture détachée en parallèle d'une progression. De plus, cet escape game permet de travailler le vocabulaire du voyage, la compréhension écrite et orale et les points de langue importants du programme de Cinquième.

Durée

- **Mise en place :** 5 minutes environ
- **Jeu par équipes** (étapes 1 à 6) : 35 minutes environ
- **Mise en commun collective et solution du jeu** : 10 minutes environ

Enjeux culturels et littéraires

- Découvrir des œuvres issues du patrimoine littéraire
- Dégager des éléments représentatifs de l'imaginaire vernien
- Travailler et interroger la figure du héros et la notion d'aventure par le prisme de Jules Verne
- Lire et comprendre en autonomie des textes variés, des images et des documents composites, sur différents supports (papier, numérique)
- Comprendre un texte lu ou entendu

Compétences linguistiques

- Être capable d'orthographier les mots d'usage courant
- Conjuguer correctement les verbes à l'imparfait et au passé simple
- Savoir identifier les adjectifs
- Repérer et réutiliser les éléments constitutifs du portrait et de la description
- Enrichir son lexique par les lectures
- Savoir réutiliser le lexique appris à l'écrit et à l'oral,
- Contrôler sa compréhension, devenir un lecteur autonome :
  - vérifier sa compréhension de l'écrit de façon autonome,
  - être capable de justifier son interprétation en s'appuyant précisément sur le texte,
  - être capable d'adapter sa lecture à l'objectif affiché
  - Lire des textes non littéraires, des images et des documents composites (y compris numériques)

Thèmes du programme de 5e

- Le voyage et l'aventure : pourquoi aller vers l'inconnu ?
- Imaginer des univers nouveaux
- Héros / héroïnes et héroïsmes

Matériel

Pour chacune des 6 équipes	Pour la classe
• 1 plateau • 1 feuille de route à remplir collectivement (ou, dans la mesure du possible, 1 par membre de l'équipe) • 1 tablette (ou 1 smartphone) avec l'application **Nathan Live!**, connectée au wifi ou avec des données mobiles • 1 feuille ou 1 cahier de brouillon • 1 crayon à papier et 1 surligneur ou 1 crayon de couleur • 1 feuille de mise en commun par groupe • 1 fiche Récap par groupe	• 1 vidéoprojecteur connecté à un ordinateur pour le teaser • 1 minuteur à projeter au tableau

Scénario du jeu

Le scénario du jeu est présenté en guise d'introduction de la séance grâce au visionnage du teaser.

Script du teaser

Le monde de la science est en pleine ébullition. Deux exploratrices scientifiques, Amélia Johnson et Valentina Bly, ont fait le pari fou de construire une fusée pour rejoindre Mars ! Mais laisser une telle mission aux mains de femmes n'est pas du goût de tous. Depuis le début, leur projet est l'objet de toutes les convoitises et soulève une vague d'indignation. Lorsque Valentina meurt dans un étrange accident, Amélia n'a plus de doute. Quelqu'un met tout en œuvre pour saboter leur projet !

Dans un message laissé par Valentina, Amélia découvre que juste avant sa mort, sa consœur avait caché les plans de leur fusée dans un coffre et avait confié à chacun de leurs six amis l'un des six chiffres du code complet. Mais qui sont ces amis ? Accompagnez Pierre Aronnax vingt milles lieues sous les mers, Phileas Fogg dans le Far West, Sam Fergusson en Afrique, Otto Lindenbrock au centre de la Terre, Jean Cornebutte dans les glaces de l'Arctique et Impey Barbicane sur la lune. Et surtout aidez-les à récupérer le chiffre secret pour Amélia ! Mais attention, les dangers sont nombreux et le temps est compté. Vous n'avez que 45 minutes pour accomplir votre mission.

Bonne chance !

Teaser vidéo

Exploitation possible

Fiche *récap* à compléter par les élèves lors de la séance suivant le jeu pour récapituler les acquis.

Chaque groupe ne travaille que sur un plateau.
Lors de la séance suivante, un récapitulatif est fourni aux élèves et permet de faire le point sur les aspects compris. Ensuite, dans l'hypothèse d'une utilisation du jeu en introduction de l'étude d'une œuvre de Verne, le cours peut être mené à l'aide de l'activité et de la fiche Récap, qui peut servir de base, de la façon choisie par l'enseignant(e) :

- rédaction d'un texte introductif reprenant les éléments compris, les personnages, les liens qu'ils entretiennent, les lieux explorés… Ce texte doit être plus conséquent que celui de la fiche récap et aborder tous les points (alors que la fiche récap amène les élèves à se focaliser sur un aspect) ;
- cours dialogué avec un plan prédéfini par l'enseignant(e) ;
- trace écrite construite avec les élèves en fonction de ce qu'ils ont retenu. Il est possible dans ce cas de projeter aux élèves plateaux et/ou documents supports de l'activité.

Le plateau pas à pas

ÉTAPE 1 — 5 min

Guidage et relances

La première étape permet aux élèves de découvrir la richesse du plateau et de plonger dans les univers de Verne, de situer l'époque, d'identifier le ou les protagonistes, de lire le texte. L'énigme de la lettre consiste en la résolution d'une charade.

- Veiller à la bonne compréhension du texte de la lettre : expliquer les mots inconnus.
- Une fois les mots de la charade trouvés, signaler la nécessité de les prononcer à voix haute pour recomposer l'indice à écrire sur la feuille de route.
- Faire observer le picto **Nathan Live!** en leur indiquant qu'il faut scanner un élément du plateau désigné par l'indice.

ÉTAPE 2 — 7 min

Guidage et relances

Dans cette étape, les élèves doivent répondre à une question et trouver un mot caché. Ils doivent ensuite colorier sur la grille les lettres de ce mot pour trouver un nouvel indice.

- Faire repérer le picto audio, puis faire écouter et lire le texte proposé.
- Les élèves répondent à la question dans les cases.
- Proposer d'utiliser un surligneur pour colorier la grille. Suggérer de diviser la grille et de répartir les zones à colorier entre les joueurs.
- Faire reporter le mot caché dans les cases situées sous la grille.
- Inviter les élèves à observer le picto **Nathan Live!** en leur indiquant qu'il faut scanner un élément du plateau.

ÉTAPE 3 — 8 min

Guidage et relances

L'étape 3 consiste à écouter une description et à trouver sur une planche d'encyclopédie le bon élément et son numéro.

- Inviter les élèves à réécouter le texte, si nécessaire.
- Une fois le bon élément identifié, leur faire reporter son numéro dans **la case du chiffre-clé**. Leur faire comprendre qu'il équivaut à la lettre A et les aider à déduire la suite dans **les cases**.
- Les faire déchiffrer le message codé. Une définition apparaît.
- Les faire ensuite reporter le mot défini dans les cases.
- Si besoin, aider à la bonne compréhension des termes employés en apportant des précisions sur le vocabulaire.
- Inviter les élèves à observer le picto **Nathan Live!** en leur indiquant qu'il faut scanner un élément du plateau désigné par l'indice.

ÉTAPE 4 — 8 min

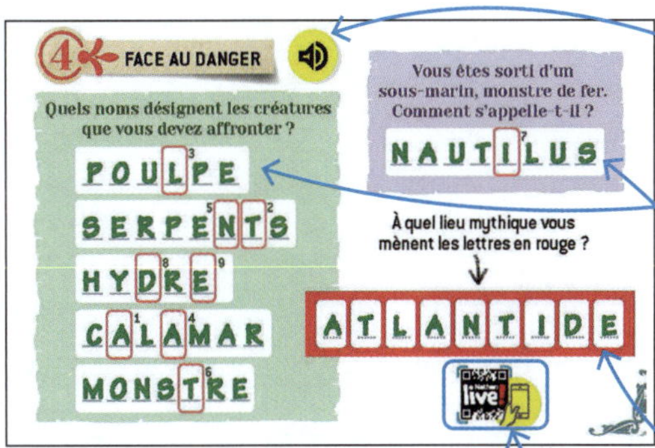

Guidage et relances

L'étape 4 invite les élèves à décoder un message.

- Leur faire repérer le picto audio et les inviter à écouter le texte.
- Leur faire trouver dans ce texte les mots appartenant au champ lexical indiqué sur la feuille de route. Leur rappeler qu'ils doivent recopier, si possible au crayon de papier, ces mots relevés dans les cases de la feuille de route. Le nombre de cases est donc un indice.
- Une question de compréhension appelle également une réponse.
- Une fois les six mots trouvés, faire repérer aux élèves les cases en rouge et les chiffres associés : replacées dans l'ordre croissant des chiffres, les lettres isolées forment un mot, qui est un nouvel indice

- à scanner sur le plateau via le picto **Nathan Live!**.

ÉTAPE 5 — 7 min

Guidage et relances

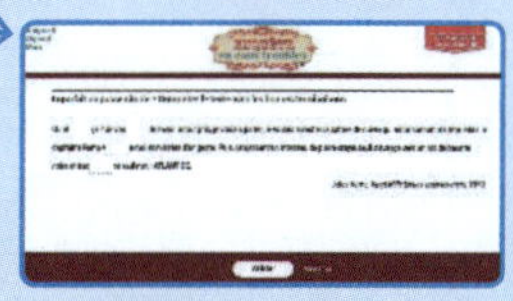

Cette étape consiste à faire compléter par les élèves un texte qui leur permettra de travailler la conjugaison de l'imparfait et les accords du participe passé.

- Inviter les élèves à relire le texte plusieurs fois si nécessaire.
- Leur rappeler qu'ils ne doivent pas se précipiter.
- Signaler aux élèves que l'utilisation d'un brouillon est vivement encouragée.
- Leur rappeler que les terminaisons déterminent le chiffre à trouver. Si les accords sont mauvais, le chiffre sera mauvais.

ÉTAPE 6 — 5 min

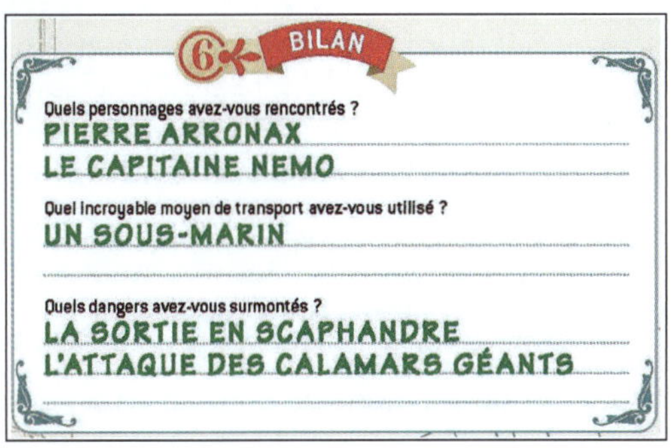

Guidage et relances

Cette dernière étape finalise l'activité en demandant aux élèves de noter les informations recueillies dans ce plateau.

- Cette étape n'est pas obligatoire pour résoudre collectivement l'enquête, mais elle est indispensable pour exploiter ensuite l'activité en classe.
- Si les élèves n'ont pas le temps de la réaliser, leur demander de la terminer pour la séance suivante. Il est important de consacrer le temps prévu à la solution du jeu pour ancrer les connaissances acquises sur l'œuvre durant la séance.

Le plateau 2 pas à pas

ÉTAPE 1 — 5 min

Guidage et relances

La première étape permet aux élèves de découvrir la richesse du plateau et de plonger dans les univers de Verne, de situer l'époque, d'identifier le ou les protagonistes, de lire le texte. L'énigme de la lettre consiste en la résolution d'une charade.

- Veiller à la bonne compréhension du texte de la lettre : expliquer les mots inconnus.
- Une fois les mots de la charade trouvés, signaler la nécessité de les prononcer à voix haute pour recomposer l'indice à écrire sur la feuille de route.
- Faire observer le picto **Nathan Live!** en leur indiquant qu'il faut scanner un élément du plateau désigné par l'indice.

ÉTAPE 2 — 7 min

Guidage et relances

Dans cette étape, les élèves doivent répondre à une question et trouver un mot caché. Ils doivent ensuite colorier sur la grille les lettres de ce mot pour trouver un nouvel indice.

- Faire repérer le picto audio, puis faire écouter et lire le texte proposé.
- Les élèves répondent à la question dans les cases.
- Proposer d'utiliser un surligneur pour colorier la grille. Suggérer de diviser la grille et de répartir les zones à colorier entre les joueurs.
- Faire reporter le mot caché dans les cases situées sous la grille.
- Inviter les élèves à observer le picto **Nathan Live!** en leur indiquant qu'il faut scanner un élément du plateau.

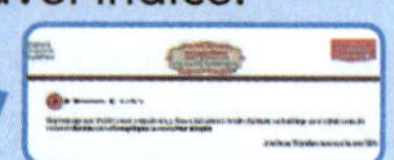

ÉTAPE 3 — 8 min

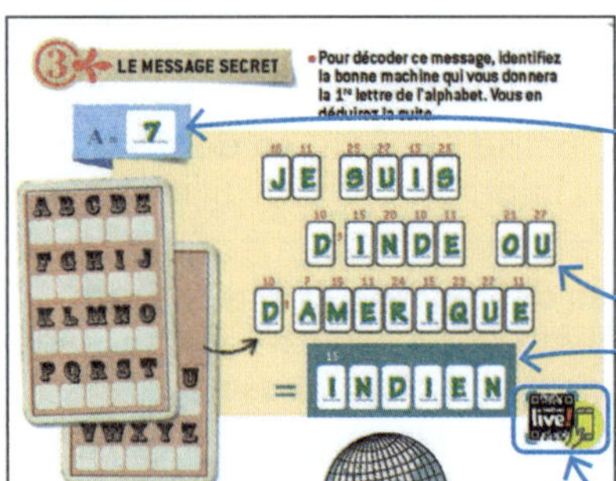

Guidage et relances

L'étape 3 consiste à écouter une description et à trouver sur une planche d'encyclopédie le bon élément et son numéro.

- Inviter les élèves à réécouter le texte, si nécessaire.
- Une fois le bon élément identifié, leur faire reporter son numéro dans **la case du chiffre-clé**. Leur faire comprendre qu'il équivaut à la lettre A et les aider à déduire la suite dans **les cases**.
- Les faire déchiffrer le message codé. Une définition apparaît.
- Les faire ensuite reporter le mot défini dans les cases.
- Si besoin, aider à la bonne compréhension des termes employés en apportant des précisions sur le vocabulaire.
- Inviter les élèves à observer le picto **Nathan Live!** en leur indiquant qu'il faut scanner un élément du plateau désigné par l'indice.

ÉTAPE 4 — 8 min

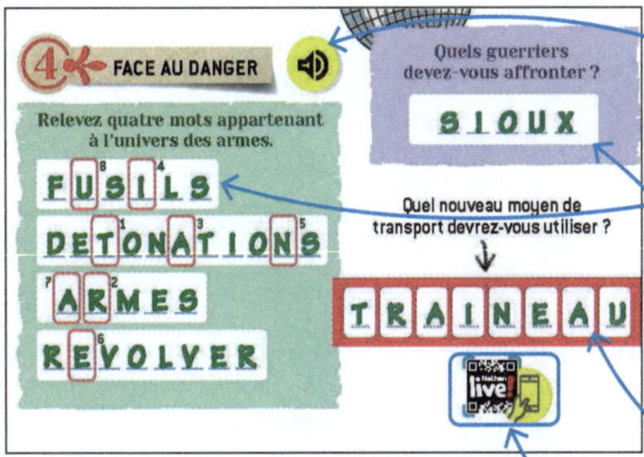

Guidage et relances

L'étape 4 invite les élèves à décoder un message.

- Leur faire repérer le picto audio et les inviter à écouter le texte.
- Leur faire trouver dans ce texte les mots appartenant au champ lexical indiqué sur la feuille de route.
- Leur rappeler qu'ils doivent recopier, si possible au crayon de papier, ces mots relevés dans les cases de la feuille de route. Le nombre de cases est donc un indice.
- Une question de compréhension appelle également une réponse.
- Une fois les six mots trouvés, faire repérer aux élèves les cases en rouge et les chiffres associés : replacées dans l'ordre croissant des chiffres, les lettres isolées forment un mot, qui est un nouvel indice
- à scanner sur le plateau via le picto **Nathan Live!**.

ÉTAPE 5 — 7 min

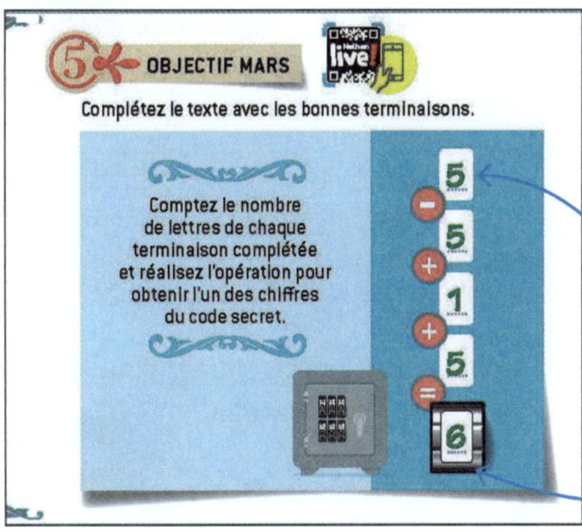

Guidage et relances

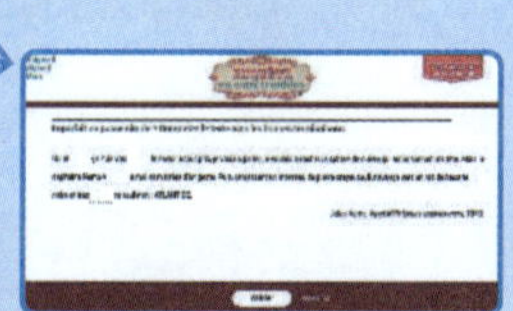

Cette étape consiste à faire compléter par les élèves un texte qui leur permettra de travailler la conjugaison de l'imparfait et les accords du participe passé.

- Inviter les élèves à relire le texte plusieurs fois si nécessaire.
- Leur rappeler qu'ils ne doivent pas se précipiter.
- Signaler aux élèves que l'utilisation d'un brouillon est vivement encouragée.
- Leur rappeler que les terminaisons déterminent le chiffre à trouver. Si les accords sont mauvais, le chiffre sera mauvais.

ÉTAPE 6 — 5 min

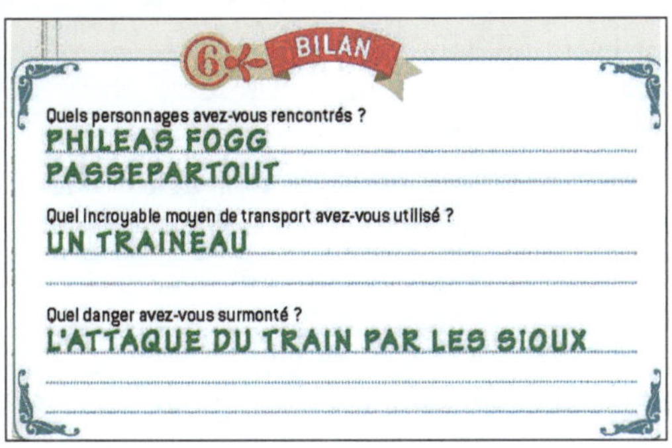

Guidage et relances

Cette dernière étape finalise l'activité en demandant aux élèves de noter les informations recueillies dans ce plateau.

- Cette étape n'est pas obligatoire pour résoudre collectivement l'enquête, mais elle est indispensable pour exploiter ensuite l'activité en classe.
- Si les élèves n'ont pas le temps de la réaliser, leur demander de la terminer pour la séance suivante. Il est important de consacrer le temps prévu à la solution du jeu pour ancrer les connaissances acquises sur l'œuvre durant la séance.

Le plateau 3 pas à pas

ÉTAPE 1 5 min

Guidage et relances

La première étape permet aux élèves de découvrir la richesse du plateau et de plonger dans les univers de Verne, de situer l'époque, d'identifier le ou les protagonistes, de lire le texte. L'énigme de la lettre consiste en la résolution d'une charade.

- Veiller à la bonne compréhension du texte de la lettre : expliquer les mots inconnus.
- Une fois les mots de la charade trouvés, signaler la nécessité de les prononcer à voix haute pour recomposer l'indice à écrire sur la feuille de route.
- Faire observer le picto **Nathan Live!** en leur indiquant qu'il faut scanner un élément du plateau désigné par l'indice.

ÉTAPE 2 7 min

Guidage et relances

Dans cette étape, les élèves doivent répondre à une question et trouver un mot caché. Ils doivent ensuite colorier sur la grille les lettres de ce mot pour trouver un nouvel indice.

- Faire repérer le picto audio, puis faire écouter et lire le texte proposé.

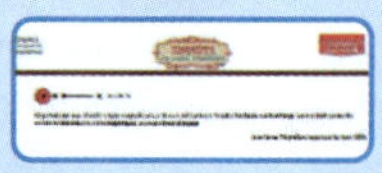

- Les élèves répondent à la question dans les cases.
- Proposer d'utiliser un surligneur pour colorier la grille. Suggérer de diviser la grille et de répartir les zones à colorier entre les joueurs.
- Faire reporter le mot caché dans les cases situées sous la grille.
- Inviter les élèves à observer le picto **Nathan Live!** en leur indiquant qu'il faut scanner un élément du plateau.

ÉTAPE 3 8 min

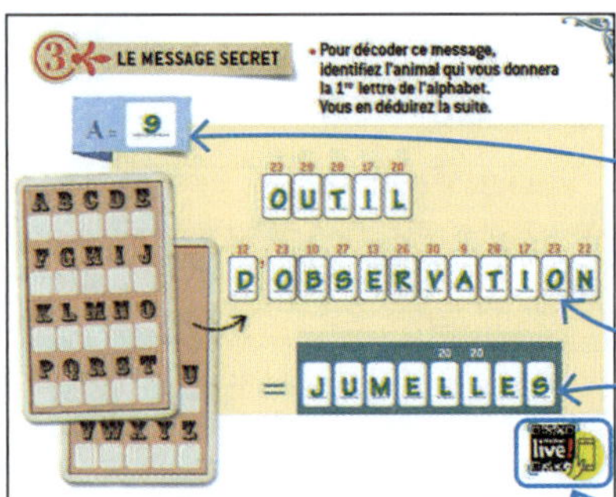

Guidage et relances

L'étape 3 consiste à écouter une description et à trouver sur une planche d'encyclopédie le bon élément et son numéro.

- Inviter les élèves à réécouter le texte, si nécessaire.
- Une fois le bon élément identifié, leur faire reporter son numéro dans **la case du chiffre-clé**. Leur faire comprendre qu'il équivaut à la lettre A et les aider à déduire la suite dans **les cases**.
- Les faire déchiffrer le message codé. Une définition apparaît.
- Les faire ensuite reporter le mot défini dans les cases.
- Si besoin, aider à la bonne compréhension des termes employés en apportant des précisions sur le vocabulaire.
- Inviter les élèves à observer le picto **Nathan Live!** en leur indiquant qu'il faut scanner un élément du plateau désigné par l'indice.

ÉTAPE 4 8 min

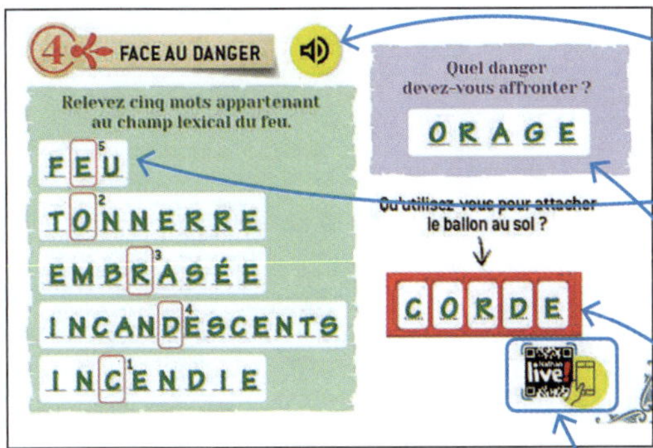

Guidage et relances

L'étape 4 invite les élèves à décoder un message.

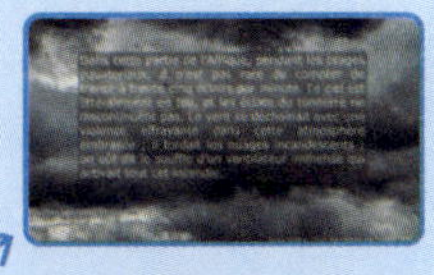

- Leur faire repérer le picto audio et les inviter à écouter le texte.
- Leur faire trouver dans ce texte les mots appartenant au champ lexical indiqué sur la feuille de route. Leur rappeler qu'ils doivent recopier, si possible au crayon de papier, ces mots relevés dans les cases de la feuille de route. Le nombre de cases est donc un indice.
- Une question de compréhension appelle également une réponse.
- Une fois les six mots trouvés, faire repérer aux élèves les cases en rouge et les chiffres associés : replacées dans l'ordre croissant des chiffres, les lettres isolées forment un mot, qui est un nouvel indice

- à scanner sur le plateau via le picto **Nathan Live!**.

ÉTAPE 5 7 min

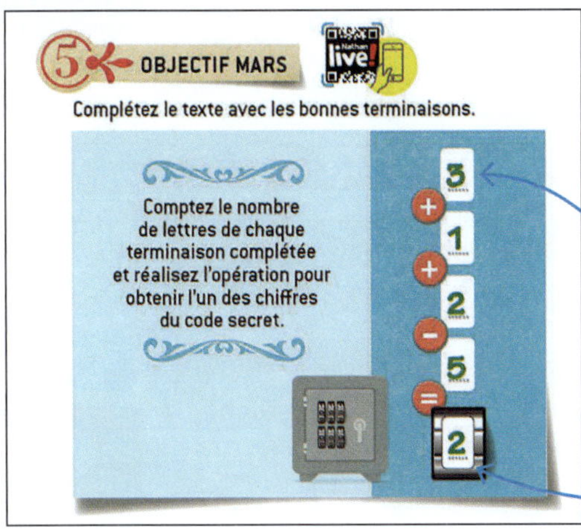

Guidage et relances

Cette étape consiste à faire compléter par les élèves un texte qui leur permettra de travailler la conjugaison de l'imparfait et les accords du participe passé.

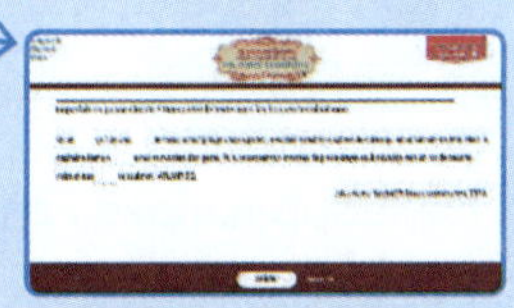

- Inviter les élèves à relire le texte plusieurs fois si nécessaire.
- Leur rappeler qu'ils ne doivent pas se précipiter.
- Signaler aux élèves que l'utilisation d'un brouillon est vivement encouragée.
- Leur rappeler que les terminaisons déterminent le chiffre à trouver. Si les accords sont mauvais, le chiffre sera mauvais.

ÉTAPE 6 5 min

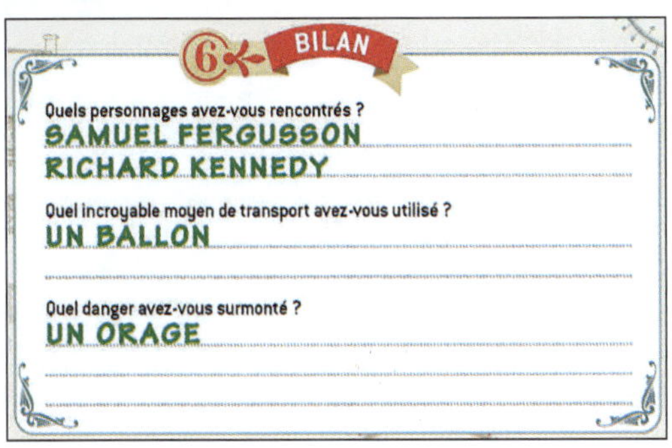

Guidage et relances

Cette dernière étape finalise l'activité en demandant aux élèves de noter les informations recueillies dans ce plateau.

- Cette étape n'est pas obligatoire pour résoudre collectivement l'enquête, mais elle est indispensable pour exploiter ensuite l'activité en classe.
- Si les élèves n'ont pas le temps de la réaliser, leur demander de la terminer pour la séance suivante. Il est important de consacrer le temps prévu à la solution du jeu pour ancrer les connaissances acquises sur l'œuvre durant la séance.

Le plateau 4 pas à pas

ÉTAPE 1 — 5 min

Guidage et relances

La première étape permet aux élèves de découvrir la richesse du plateau et de plonger dans les univers de Verne, de situer l'époque, d'identifier le ou les protagonistes, de lire le texte. L'énigme de la lettre consiste en la résolution d'une charade.

- Veiller à la bonne compréhension du texte de la lettre : expliquer les mots inconnus.
- Une fois les mots de la charade trouvés, signaler la nécessité de les prononcer à voix haute pour recomposer l'indice à écrire sur la feuille de route.
- Faire observer le picto **Nathan Live!** en leur indiquant qu'il faut scanner un élément du plateau désigné par l'indice.

ÉTAPE 2 — 7 min

Guidage et relances

Dans cette étape, les élèves doivent répondre à une question et trouver un mot caché. Ils doivent ensuite colorier sur la grille les lettres de ce mot pour trouver un nouvel indice.

- Faire repérer le picto audio, puis faire écouter et lire le texte proposé.
- Les élèves répondent à la question dans les cases.
- Proposer d'utiliser un surligneur pour colorier la grille. Suggérer de diviser la grille et de répartir les zones à colorier entre les joueurs.
- Faire reporter le mot caché dans les cases situées sous la grille.
- Inviter les élèves à observer le picto **Nathan Live!** en leur indiquant qu'il faut scanner un élément du plateau.

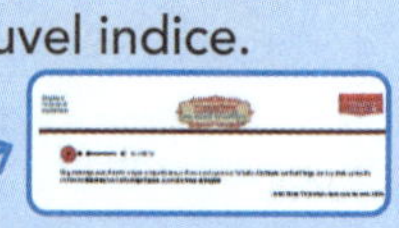

ÉTAPE 3 — 8 min

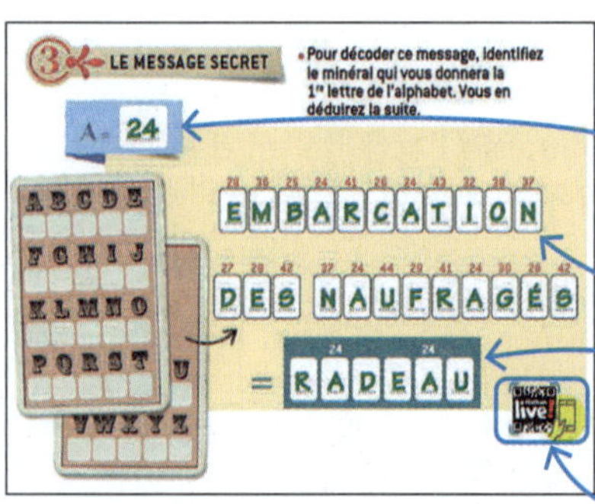

Guidage et relances

L'étape 3 consiste à écouter une description et à trouver sur une planche d'encyclopédie le bon élément et son numéro.

- Inviter les élèves à réécouter le texte, si nécessaire.
- Une fois le bon élément identifié, leur faire reporter son numéro dans **la case du chiffre-clé**. Leur faire comprendre qu'il équivaut à la lettre A et les aider à déduire la suite dans **les cases**.
- Les faire déchiffrer le message codé. Une définition apparaît.
- Les faire ensuite reporter le mot défini dans les cases.
- Si besoin, aider à la bonne compréhension des termes employés en apportant des précisions sur le vocabulaire.
- Inviter les élèves à observer le picto **Nathan Live!** en leur indiquant qu'il faut scanner un élément du plateau désigné par l'indice.

ÉTAPE 4 — 8 min

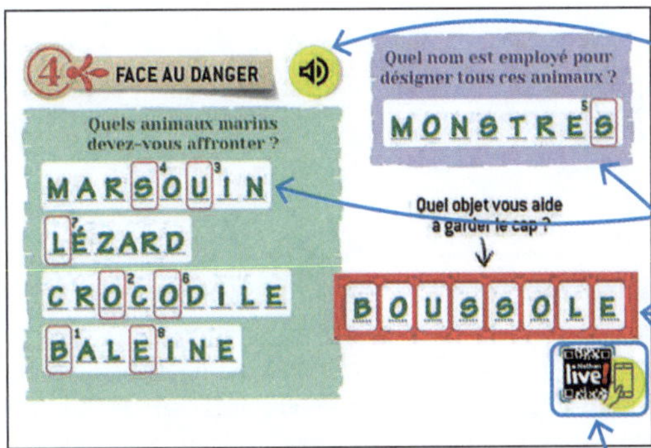

Guidage et relances

L'étape 4 invite les élèves à décoder un message.

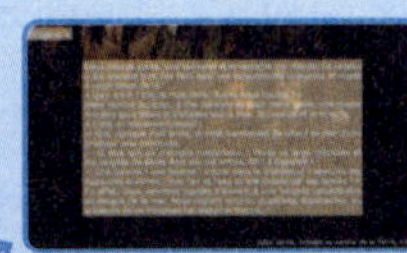

- Leur faire repérer le picto audio et les inviter à écouter le texte.
- Leur faire trouver dans ce texte les mots appartenant au champ lexical indiqué sur la feuille de route. Leur rappeler qu'ils doivent recopier, si possible au crayon de papier, ces mots relevés dans les cases de la feuille de route. Le nombre de cases est donc un indice.
- Une question de compréhension appelle également une réponse.
- Une fois les six mots trouvés, faire repérer aux élèves les cases en rouge et les chiffres associés : replacées dans l'ordre croissant des chiffres, les lettres isolées forment un mot, qui est un nouvel indice à scanner sur le plateau via le picto **Nathan Live!**.

ÉTAPE 5 — 7 min

Guidage et relances

Cette étape consiste à faire compléter par les élèves un texte qui leur permettra de travailler la conjugaison de l'imparfait et les accords du participe passé.

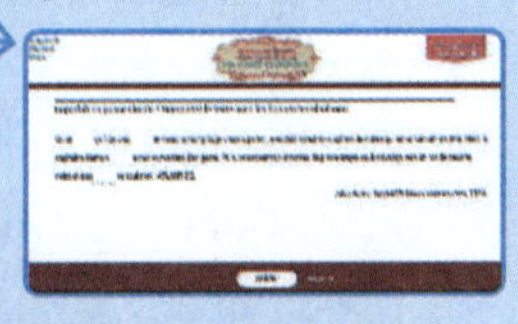

- Inviter les élèves à relire le texte plusieurs fois si nécessaire.
- Leur rappeler qu'ils ne doivent pas se précipiter.
- Signaler aux élèves que l'utilisation d'un brouillon est vivement encouragée.
- Leur rappeler que les terminaisons déterminent le chiffre à trouver. Si les accords sont mauvais, le chiffre sera mauvais.

ÉTAPE 6 — 5 min

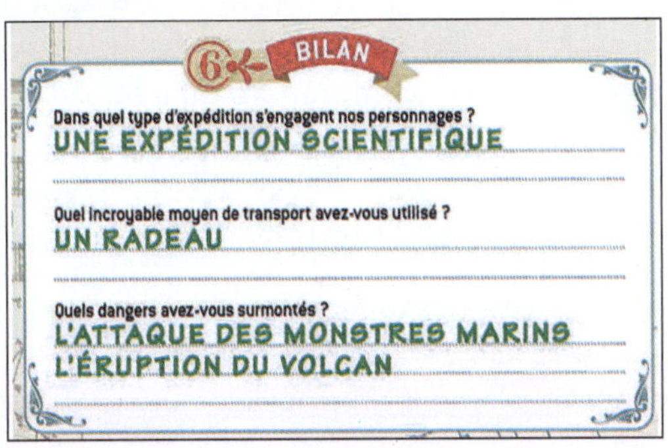

6 BILAN

Dans quel type d'expédition s'engagent nos personnages ?
UNE EXPÉDITION SCIENTIFIQUE

Quel incroyable moyen de transport avez-vous utilisé ?
UN RADEAU

Quels dangers avez-vous surmontés ?
L'ATTAQUE DES MONSTRES MARINS
L'ÉRUPTION DU VOLCAN

Guidage et relances

Cette dernière étape finalise l'activité en demandant aux élèves de noter les informations recueillies dans ce plateau.

- Cette étape n'est pas obligatoire pour résoudre collectivement l'enquête, mais elle est indispensable pour exploiter ensuite l'activité en classe.
- Si les élèves n'ont pas le temps de la réaliser, leur demander de la terminer pour la séance suivante. Il est important de consacrer le temps prévu à la solution du jeu pour ancrer les connaissances acquises sur l'œuvre durant la séance.

Le plateau 5 pas à pas

ÉTAPE 1 — 5 min

Guidage et relances

La première étape permet aux élèves de découvrir la richesse du plateau et de plonger dans les univers de Verne, de situer l'époque, d'identifier le ou les protagonistes, de lire le texte. L'énigme de la lettre consiste en la résolution d'une charade.

- Veiller à la bonne compréhension du texte de la lettre : expliquer les mots inconnus.
- Une fois les mots de la charade trouvés, signaler la nécessité de les prononcer à voix haute pour recomposer l'indice à écrire sur la feuille de route.
- Faire observer le picto **Nathan Live!** en leur indiquant qu'il faut scanner un élément du plateau désigné par l'indice.

ÉTAPE 2 — 7 min

Guidage et relances

Dans cette étape, les élèves doivent répondre à une question et trouver un mot caché. Ils doivent ensuite colorier sur la grille les lettres de ce mot pour trouver un nouvel indice.

- Faire repérer le picto audio, puis faire écouter et lire le texte proposé.
- Les élèves répondent à la question dans les cases.
- Proposer d'utiliser un surligneur pour colorier la grille. Suggérer de diviser la grille et de répartir les zones à colorier entre les joueurs.
- Faire reporter le mot caché dans les cases situées sous la grille.
- Inviter les élèves à observer le picto **Nathan Live!** en leur indiquant qu'il faut scanner un élément du plateau.

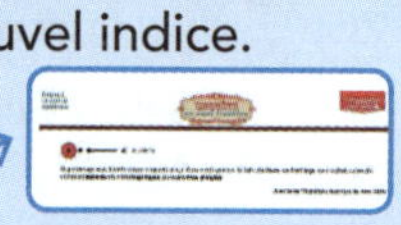

ÉTAPE 3 — 8 min

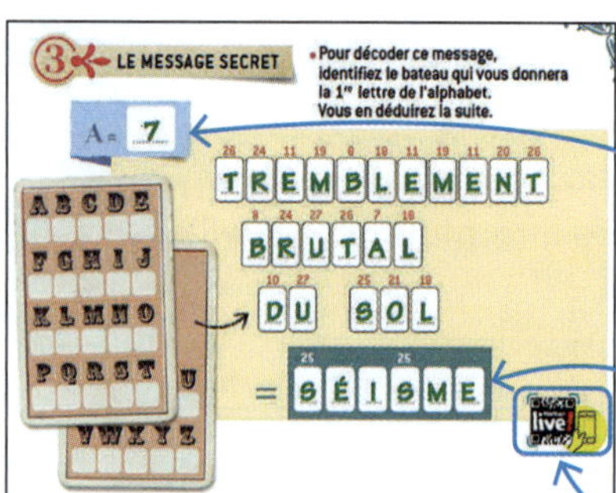

Guidage et relances

L'étape 3 consiste à écouter une description et à trouver sur une planche d'encyclopédie le bon élément et son numéro.

- Inviter les élèves à réécouter le texte, si nécessaire.
- Une fois le bon élément identifié, leur faire reporter son numéro dans **la case du chiffre-clé**. Leur faire comprendre qu'il équivaut à la lettre A et les aider à déduire la suite dans **les cases**.
- Les faire déchiffrer le message codé. Une définition apparaît.
- Les faire ensuite reporter le mot défini dans les cases.
- Si besoin, aider à la bonne compréhension des termes employés en apportant des précisions sur le vocabulaire.
- Inviter les élèves à observer le picto **Nathan Live!** en leur indiquant qu'il faut scanner un élément du plateau désigné par l'indice.

ÉTAPE 4 — 8 min

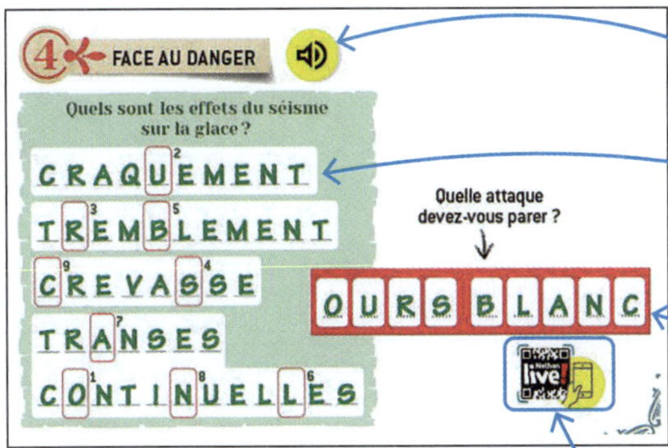

Guidage et relances

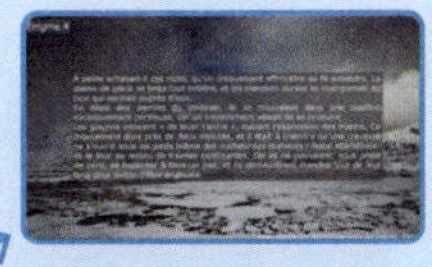

L'étape 4 invite les élèves à décoder un message.

- Leur faire repérer le picto audio et les inviter à écouter le texte.
- Leur faire trouver dans ce texte les mots appartenant au champ lexical indiqué sur la feuille de route. Leur rappeler qu'ils doivent recopier, si possible au crayon de papier, ces mots relevés dans les cases de la feuille de route. Le nombre de cases est donc un indice.
- Une fois les six mots trouvés, faire repérer aux élèves les cases en rouge et les chiffres associés : replacées dans l'ordre croissant des chiffres, les lettres isolées forment un mot, qui est un nouvel indice à scanner sur le plateau via le picto **Nathan Live!**.

ÉTAPE 5 — 7 min

Guidage et relances

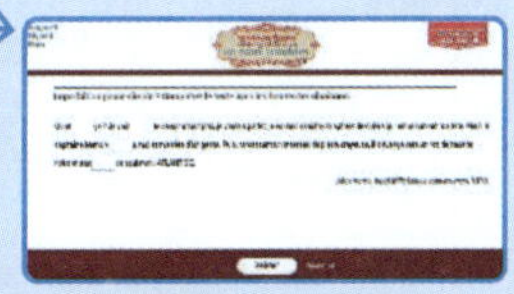

Cette étape consiste à faire compléter par les élèves un texte qui leur permettra de travailler la conjugaison de l'imparfait et les accords du participe passé.

- Inviter les élèves à relire le texte plusieurs fois si nécessaire.
- Leur rappeler qu'ils ne doivent pas se précipiter.
- Signaler aux élèves que l'utilisation d'un brouillon est vivement encouragée.
- Leur rappeler que les terminaisons déterminent le chiffre à trouver. Si les accords sont mauvais, le chiffre sera mauvais.

ÉTAPE 6 — 5 min

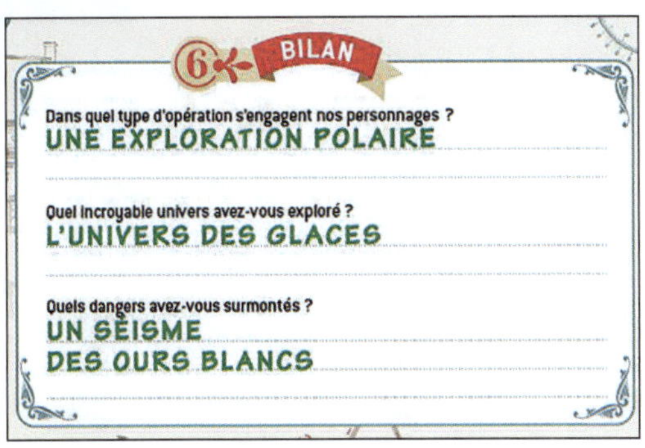

Guidage et relances

Cette dernière étape finalise l'activité en demandant aux élèves de noter les informations recueillies dans ce plateau.

- Cette étape n'est pas obligatoire pour résoudre collectivement l'enquête, mais elle est indispensable pour exploiter ensuite l'activité en classe.
- Si les élèves n'ont pas le temps de la réaliser, leur demander de la terminer pour la séance suivante. Il est important de consacrer le temps prévu à la solution du jeu pour ancrer les connaissances acquises sur l'œuvre durant la séance.

Le plateau 6 pas à pas

ÉTAPE 1 — 5 min

Guidage et relances

La première étape permet aux élèves de découvrir la richesse du plateau et de plonger dans les univers de Verne, de situer l'époque, d'identifier le ou les protagonistes, de lire le texte. L'énigme de la lettre consiste en la résolution d'une charade.

- Veiller à la bonne compréhension du texte de la lettre : expliquer les mots inconnus.
- Une fois les mots de la charade trouvés, signaler la nécessité de les prononcer à voix haute pour recomposer l'indice à écrire sur la feuille de route.
- Faire observer le picto **Nathan Live!** en leur indiquant qu'il faut scanner un élément du plateau désigné par l'indice.

ÉTAPE 2 — 7 min

Guidage et relances

Dans cette étape, les élèves doivent répondre à une question et trouver un mot caché. Ils doivent ensuite colorier sur la grille les lettres de ce mot pour trouver un nouvel indice.

- Faire repérer le picto audio, puis faire écouter et lire le texte proposé.

- Les élèves répondent à la question dans les cases.
- Proposer d'utiliser un surligneur pour colorier la grille. Suggérer de diviser la grille et de répartir les zones à colorier entre les joueurs.
- Faire reporter le mot caché dans les cases situées sous la grille.
- Inviter les élèves à observer le picto **Nathan Live!** en leur indiquant qu'il faut scanner un élément du plateau.

ÉTAPE 3 — 8 min

Guidage et relances

L'étape 3 consiste à écouter une description et à trouver sur une planche d'encyclopédie le bon élément et son numéro.

- Inviter les élèves à réécouter le texte, si nécessaire.
- Une fois le bon élément identifié, leur faire reporter son numéro dans **la case du chiffre-clé**. Leur faire comprendre qu'il équivaut à la lettre A et les aider à déduire la suite dans **les cases**.
- Les faire déchiffrer le message codé. Une définition apparaît.
- Les faire ensuite reporter le mot défini dans les cases.
- Si besoin, aider à la bonne compréhension des termes employés en apportant des précisions sur le vocabulaire.
- Inviter les élèves à observer le picto **Nathan Live!** en leur indiquant qu'il faut scanner un élément du plateau désigné par l'indice.

ÉTAPE 4 8 min

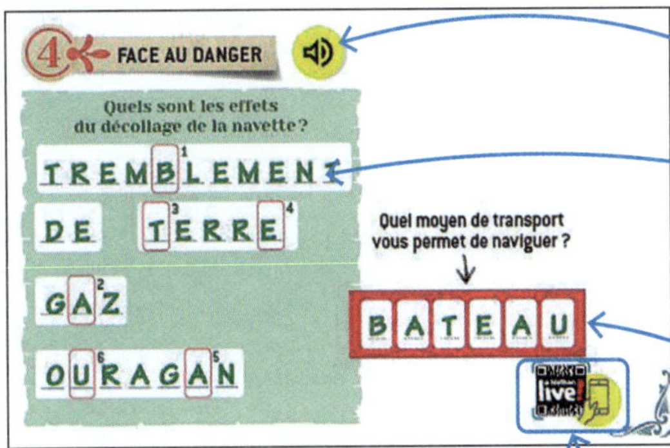

Guidage et relances

L'étape 4 invite les élèves à décoder un message.

- Leur faire repérer le picto audio et les inviter à écouter le texte.
- Leur faire trouver dans ce texte les mots appartenant au champ lexical indiqué sur la feuille de route. Leur rappeler qu'ils doivent recopier, si possible au crayon de papier, ces mots relevés dans les cases de la feuille de route. Le nombre de cases est donc un indice.
- Une fois les six mots trouvés, faire repérer aux élèves les cases en rouge et les chiffres associés : replacées dans l'ordre croissant des chiffres, les lettres isolées forment un mot, qui est un nouvel indice à scanner sur le plateau via le picto **Nathan Live!**.

ÉTAPE 5 7 min

Guidage et relances

Cette étape consiste à faire compléter par les élèves un texte qui leur permettra de travailler la conjugaison de l'imparfait et les accords du participe passé.

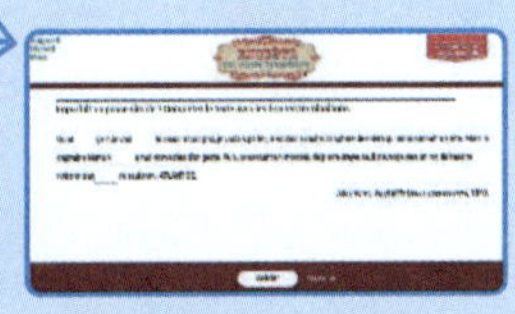

- Inviter les élèves à relire le texte plusieurs fois si nécessaire.
- Leur rappeler qu'ils ne doivent pas se précipiter.
- Signaler aux élèves que l'utilisation d'un brouillon est vivement encouragée.
- Leur rappeler que les terminaisons déterminent le chiffre à trouver. Si les accords sont mauvais, le chiffre sera mauvais.

ÉTAPE 6 5 min

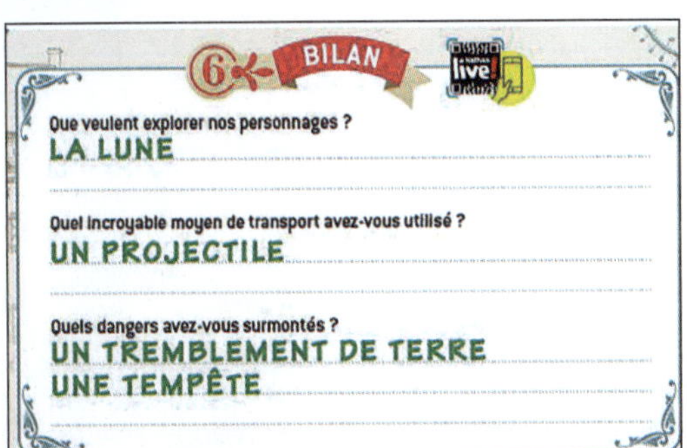

Guidage et relances

Cette dernière étape finalise l'activité en demandant aux élèves de noter les informations recueillies dans ce plateau.

- Cette étape n'est pas obligatoire pour résoudre collectivement l'enquête, mais elle est indispensable pour exploiter ensuite l'activité en classe.
- Si les élèves n'ont pas le temps de la réaliser, leur demander de la terminer pour la séance suivante. Il est important de consacrer le temps prévu à la solution du jeu pour ancrer les connaissances acquises sur l'œuvre durant la séance.

Mise en commun et solution du jeu

10 min

MISE EN COMMUN

Une fois toutes les étapes réalisées, les équipes savent à quelle époque elles se trouvent; elles ont trouvé les mots-clés du plateau; elles disposent d'un indice, utile pour la solution du jeu. Tous ces éléments leur ont permis de rédiger quelques lignes sur les informations récoltées dans leur plateau.

Plateau	Nom du personnage	Titre de l'œuvre
1 ➜ Enquête en eaux troubles	Pierre Arronax	*20 000 Lieues sous les mers*
2 ➜ Un train d'enfer	Phileas Fogg	*Le Tour du monde en quatre-vingts jours*
3 ➜ Un vol à haut risque	Sam Fergusson	*Cinq semaines en ballon*
4 ➜ Dans les entrailles de la Terre	Professeur Lindenbrock	*Voyage au centre de la Terre*
5 ➜ Piège arctique	Jean Cornbutte	*Un hivernage dans les glaces*
6 ➜ Décollage immédiat !	Impey Barbicane	*De la Terre à la Lune*

Guidage et relances

- La mise en commun est une étape collaborative : les groupes devront rassembler les chiffres obtenus.
- Inviter les élèves à observer attentivement leur feuille de route.
- Un tracé en pointillés court le long de chaque feuille. Les élèves doivent reconstituer ce tracé, en plaçant les feuilles de route dans le bon ordre. L'ordre des feuilles de route détermine l'ordre des chiffres à entrer pour obtenir le code complet.
- Cette opération peut être effectuée par un représentant de chaque groupe.
- Une fois la manipulation terminée, les élèves complètent leur fiche de Mise en commun et reconstituent l'ordre de saisie. Ils peuvent ainsi associer noms de personnages et titres des romans de Verne.

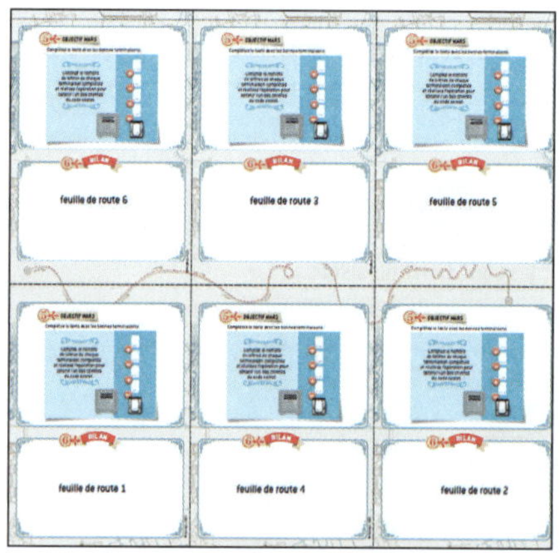

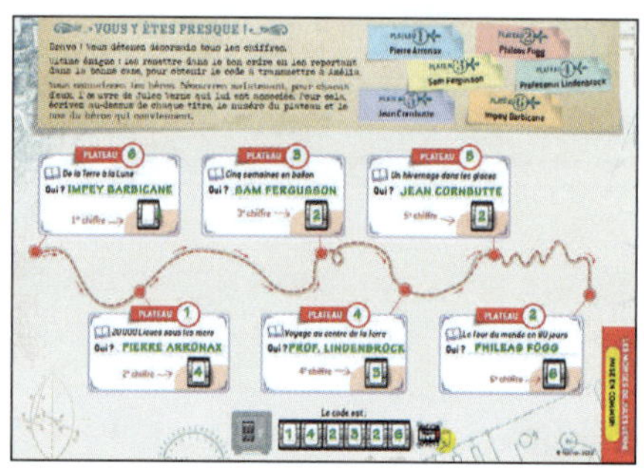

SOLUTION DU JEU

À la fin de la dernière étape, les équipes disposent d'un indice, utile pour la résolution finale. Il s'agit d'un chiffre que chaque groupe devra reporter sur la fiche de mise en commun au bon emplacement. L'ordre des six chiffres est donné par le tracé des feuilles de route.

Guidage et relances

Cette dernière phase du jeu devra se dérouler **sur un mode collaboratif :** chaque équipe donne son indice qui peut être inscrit au tableau. Le but est de trouver tous ensemble un code constitué de six chiffres. On peut procéder par essai-erreur. Si les élèves ont des difficultés, faire le lien avec le tracé proposé sur la fiche de Mise en commun.

TOUTES LES RÉPONSES en un coup d'œil !

	Plateau 1 Enquête en eaux troubles	Plateau 2 Un train d'enfer	Plateau 3 Un vol à haut risque	Plateau 4 Dans les entrailles de la Terre	Plateau 5 Piège arctique	Plateau 6 Décollage immédiat !
ÉTAPE 1 – 5 min **L'énigme de la lettre**	Cape • Pi • Haine • Nez • Mots = Capitaine Nemo	Passe • Part • Toux = Passepartout	Riz • Char • Quai • Nez • Dis = Richard Kennedy	Terre • Mot • Mètre = thermomètre	Mai • Da • Ail –On = médaillon	Thé • Lait • Gramme = télégramme
ÉTAPE 2 – 7 min **Un portrait mystérieux**	**a.** Adjectif **b.** Livre	**a.** Adjectif **b.** Train	**a.** Adjectif **b.** Carte	**a.** Adjectif **b.** Minéral	**a.** Adjectif **b.** Navire	**a.** Adjectif **b.** Astre
ÉTAPE 3 – 8 min **Le message secret**	**A** = 34 Équipement individuel de plongée = scaphandre	**A** = 7 Je suis d'Inde ou d'Amérique = Indien	**A** = 9 Outil d'observation, = jumelles	**A** = 24 Embarcatrion des naufragés = radeau	**A** = 7 Tremblement brutal du sol = séisme	**A** = 25 Engin propulsé dans les airs = projectile
ÉTAPE 4 – 8 min **Face au danger**	**Créatures :** Poulpe • Serpents • Hydre • Calamar • Monstre **Sous-marin :** Nautilus **Lieu mythique** : Atlandide	**Armes :** Fusils • Détonations • Armes • Révolver **Guerriers :** Sioux **Moyen de transport :** traîneau	**Champ lexical :** Feu • Tonnerre • Embrasée • Incandescents • Incendie **Danger :** orage **Élément :** corde	**Animaux :** Marsouin • lézard • Crocodile • Baleine **Hyperonyme :** monstres **Objet :** boussole	**Effets du séisme :** Craquement • Tremblement • Crevasse • Transes continuelles **Attaque :** ours blanc	**Effets :** Tremblement de terre • Gaz • Ouragan **Moyen de transport :** Bateau
ÉTAPE 5 – 7 min **Objectif Mars**	3 + 3 – 3 + 1 = 4	5 – 5 + 1 + 5 = 6	3 + 1 + 2 – 5 = 2	1 + 2 – 3 + 3 = 3	1 + 2 – 2 + 1 = 2	2 + 1 – 5 + 3 = 1
ÉTAPE 6 – 5 min	**Trace écrite**					
Bilan	**Personnages :** Pierre Arronax Le capitaine Némo **Moyen de transport :** un sous-marin **Dangers :** la sortie en scaphandre • l'attaque des calamars géants	**Personnages :** Phileas Fogg Passepartout **Moyen de transport :** un traîneau **Dangers :** l'attaque du tain par les Sioux	**Personnages :** Samuel Fergusson Richard Kennedy **Moyen de transport :** un ballon **Danger :** un orage	**Expédition :** une expédition scientifique **Moyen de transport :** un radeau **Dangers :** l'attaque des monstres marins • l'éruption du volcan	**Opération :** une exploration polaire **Univers :** l'unvers des glaces **Dangers :** un séisme • des ours blancs	**Lieu d'exploration :** La Lune **Moyen de transport :** un projectile **Dangers :** un tremblement de terre • une tempête

MISE EN COMMUN ET SOLUTION DU JEU – 5 min

En positionnant bord à bord la dernière page des feuilles de route, les élèves reconstituent un chemin (matérialisé par des pointillés en haut ou en bas). Deux balises indiquent les points de départ et d'arrivée et, par la même occasion, les premiers et derniers chiffres du code. L'ordre des feuilles de route détermine l'ordre des chiffres à entrer.

(En)quêtes d'amour 4e

Introduction

Ce jeu entre dans la thématique de la passion amoureuse, en lien avec le chapitre « Dire l'amour ». Il aborde ce thème par différents genres, théâtre et roman en particulier, mais il permet aussi d'envisager un travail sur la versification. Le scénario amène les élèves à enquêter afin de découvrir de grandes œuvres de l'histoire littéraire ; en effet, chaque plateau renvoie à une œuvre patrimoniale, de *Tristan et Iseut* à *La Dame aux camélias* en passant par Shakespeare, Corneille ou Rostand. Pour mener l'enquête, chaque groupe d'élèves explore l'un des ouvrages et découvre des extraits écrits ou audios, les personnages ainsi que la définition de l'amour que propose chaque auteur. Ce jeu a été conçu afin de pouvoir être utilisé comme un tremplin pour aborder l'étude d'une œuvre ou comme une conclusion à une séquence. Il peut également être utilisé de manière détachée, comme un document de culture générale. Enfin, cet escape game permet de travailler l'histoire littéraire, le vocabulaire du théâtre et de l'amour, la compréhension écrite et orale et des points de langue au programme en 4e.

Durée

- **Mise en place :** 5 minutes environ
- **Jeu par équipes** (étapes 1 à 6) : 35 minutes environ
- **Mise en commun collective et solution du jeu** : 10 minutes environ

Compétences linguistiques

- Améliorer sa connaissance du lexique par des lectures
- Utiliser des mots du vocabulaire disciplinaire du français
- Identifier les classes de mots
- Accéder à de courts extraits dans la langue d'origine des textes (ancien français, anglais)

Enjeux culturels et littéraires

- Découvrir des œuvres du patrimoine littéraire
- Fréquenter des textes appartenant à des genres différents : récit, théâtre, poésie.
- Lire des images et des documents composites, sur différents supports (papier, numérique)
- Percevoir différentes manières d'exprimer le sentiment amoureux dans les textes littéraires
- Reconnaître la tonalité d'un texte, en particulier la tonalité tragique
- Aborder des notions clés d'histoire littéraire pour identifier des mouvements culturels

Contrôler sa compréhension, devenir un lecteur autonome

- Vérifier sa compréhension de l'écrit
- Justifier son interprétation en s'appuyant précisément sur le texte
- Adapter sa lecture à l'objectif affiché

Thèmes du programme de 6e

- Dire l'amour
- Individu et société, confrontation de valeurs ?

Matériel

Pour chacune des 6 équipes	Pour la classe
• 1 plateau • 1 feuille de route à remplir collectivement (ou, dans la mesure du possible, 1 par membre de l'équipe) • 1 tablette (ou 1 smartphone) avec l'application **Nathan Live!**, connectée au wifi ou avec des données mobiles • 1 feuille ou 1 cahier de brouillon • 1 crayon à papier et 1 surligneur ou 1 crayon de couleur • 1 feuille de mise en commun par groupe • 1 fiche Récap par groupe	• 1 vidéoprojecteur connecté à un ordinateur pour le teaser • 1 minuteur à projeter au tableau

Scénario du jeu

Le scénario du jeu est présenté en guise d'introduction de la séance grâce au visionnage du teaser.

Script du teaser

Depuis le 12 mars 1910, jour de leur rencontre à Londres, à l'angle de Hamstead Rd et Dummond street, Jack et Rose ne se sont plus quittés. Ils s'aiment, mais ne se ressemblent pas. Rose se passionne pour la physique et voue une immense admiration à l'Allemand Albert Einstein et à la Française Marie Curie. Jack lui, vit dans les livres. Sa passion, c'est la littérature.

Le 12 mars 1911, Rose se prépare : c'est aujourd'hui l'anniversaire de leur rencontre. Elle se précipite chez Jack. Elle ouvre la porte, et là, personne....
Où est Jack? Que s'est-il passé ?

Jamais il n'aurait pu l'abandonner... Soudain, elle aperçoit dans un coin de la chambre de Jack une lettre, coincée sous une pile de livres.

C'est bien lui, c'est son écriture... Après des serments répétés, Jack écrivait :

« Durant le temps qui nous séparera, vous pourrez vous plonger dans les aventures des couples mythiques qui ont traversé l'histoire. Vous saurez que votre amour est vrai lorsque vous le comparerez à celui des personnages de ces livres. »

Elle comprend : Jack la met au défi de tester la profondeur de ses sentiments.

Pour le retrouver, elle va devoir abandonner son laboratoire et se plonger dans des histoires d'amour qui pour certaines sont devenues de véritables mythes.

La lettre se terminait ainsi :

« La lecture de chacune de ces histoires livrera son secret à travers un mot qui la représente particulièrement. Votre mission : retrouver les 6 mots dont les lettres vous permettront de découvrir le lieu où je vous attends. »

Teaser vidéo

Exploitation possible

Fiche *récap* à compléter par les élèves lors de la séance suivant le jeu pour récapituler les acquis.

Chaque groupe ne travaille que sur un plateau. Lors de la séance suivante, un récapitulatif est fourni aux élèves et permet de faire le point sur les aspects compris. Des activités peuvent ensuite, être menées.

- La fiche Récap conduit à l'écriture d'un texte d'invention. Sous la forme d'une scène de théâtre, les élèves rédigent le dialogue entre Jack et Rose au moment de leurs retrouvailles. Les dialogues peuvent être écrits en prose ou en vers. Ils doivent renvoyer aux œuvres fréquentées au fil du jeu, soit de manière explicite, soit par allusions.
- Ce dialogue peut être joué, au même titre que des extraits des 3 pièces de théâtre du jeu : *Roméo et Juliette*, *Le Cid* et *Cyrano de Bergerac*.
- tL'escape game est aussi une porte d'entrée soit pour la lecture cursive des textes abordés, soit pour l'étude guidée en classe d'une des œuvres. Toutes ont été choisies car leur lecture, en 4e, permet de répondre à la question au programme « Dire l'amour ».

Le plateau pas à pas

ÉTAPE 1 — 4 min

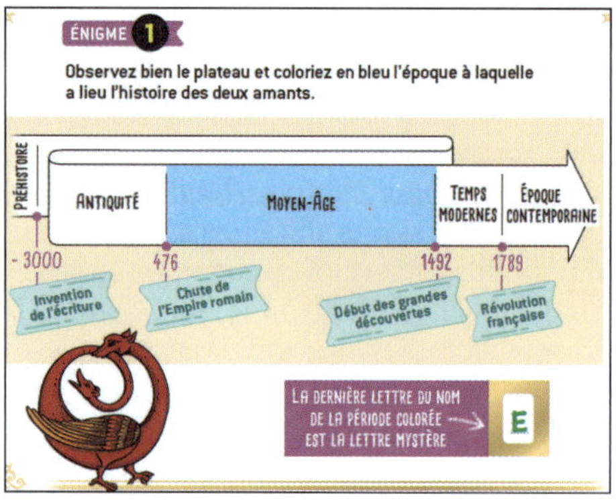
ÉNIGME 1

Observez bien le plateau et coloriez en bleu l'époque à laquelle a lieu l'histoire des deux amants.

Préhistoire — Antiquité — Moyen-Âge — Temps modernes — Époque contemporaine

- 3000 : Invention de l'écriture
476 : Chute de l'Empire romain
1492 : Début des grandes découvertes
1789 : Révolution française

La dernière lettre du nom de la période coloriée est la lettre mystère → E

Guidage et relances

- La première étape permet de plonger dans la richesse du plateau et de découvrir l'univers de *Tristan et Iseut*. Le château fort, la gravure de Marie de France, les vêtements des personnages devraient guider sans difficulté les élèves vers le Moyen Âge.

- Une fois la période coloriée, les élèves reportent la lettre mystère sur le livret et peuvent passer à l'étape suivante.

ÉTAPE 2 — 7 min

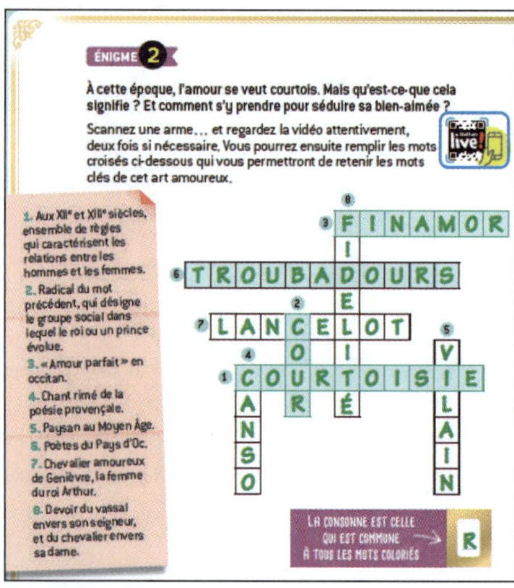
ÉNIGME 2

À cette époque, l'amour se veut courtois. Mais qu'est-ce-que cela signifie ? Et comment s'y prendre pour séduire sa bien-aimée ?

Scannez une arme… et regardez la vidéo attentivement, deux fois si nécessaire. Vous pourrez ensuite remplir les mots croisés ci-dessous qui vous permettront de retenir les mots clés de cet art amoureux.

1. Aux XIIe et XIIIe siècles, ensemble de règles qui caractérisent les relations entre les hommes et les femmes.
2. Radical du mot précédent, qui désigne le groupe social dans lequel le roi ou un prince évolue.
3. « Amour parfait » en occitan.
4. Chant rimé de la poésie provençale.
5. Paysan au Moyen Âge.
6. Poètes du Pays d'Oc.
7. Chevalier amoureux de Genièvre, la femme du roi Arthur.
8. Devoir du vassal envers son seigneur, et du chevalier envers sa dame.

1 COURTOISIE — 2 COUR — 3 FINAMOR — 4 CANSO — 5 VILAIN — 6 TROUBADOURS — 7 LANCELOT — 8 FIDÉLITÉ

La consonne est celle qui est commune à tous les mots coloriés → R

Guidage et relances

- Pour résoudre cette seconde énigme, les élèves doivent scanner un élément sur le plateau à l'aide de l'application **Nathan Live!**. Il s'agit de l'épée de Tristan.

- Insister sur la nécessité de regarder une fois la vidéo, puis une seconde fois pour compléter les mots-croisés. Ils peuvent aussi faire des arrêts sur image.

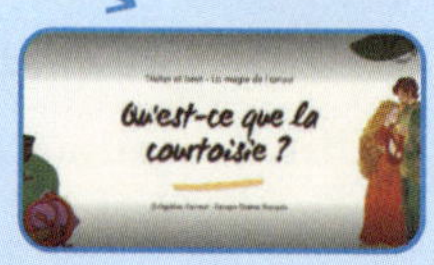

- Une fois la grille remplie, il leur reste à repérer quelle consonne est commune aux mots en bleu (si besoin, rappeler ce qu'est une consonne).

ÉTAPE 3 — 8 min

ÉNIGME 3

Tristan et Iseut apparaît d'abord dans la tradition orale, puis est repris par différents auteurs dans la littérature écrite. Découvrez l'histoire de ce couple emblématique de l'amour courtois. Scannez le lieu où leur destin est scellé.

Quel mot désigne ce que les amants boivent ? Notez la lettre à conserver. → P

Guidage et relances

- Les élèves scannent un objet du plateau à l'aide de l'application **Nathan Live!** et font l'exercice dans l'application.
- Pour trouver l'élément à scanner sur le plateau, indiquer aux élèves de bien lire le texte qui s'y trouve. L'élément de réponse apparaît : « Mais sur le bateau qui ramène Tristan et Iseut » …
- Les élèves scannent le bateau et accèdent à l'exercice. Ils lisent attentivement la phrase en ancien français et remplacent les mots manquants par leur traduction.

- Quand « Bonne réponse » apparaît dans le bandeau vert, cliquez sur « Affichez plus ». La lettre P est surlignée en jaune. Ils la reportent dans le livret.

ÉTAPE 4 — 7 min

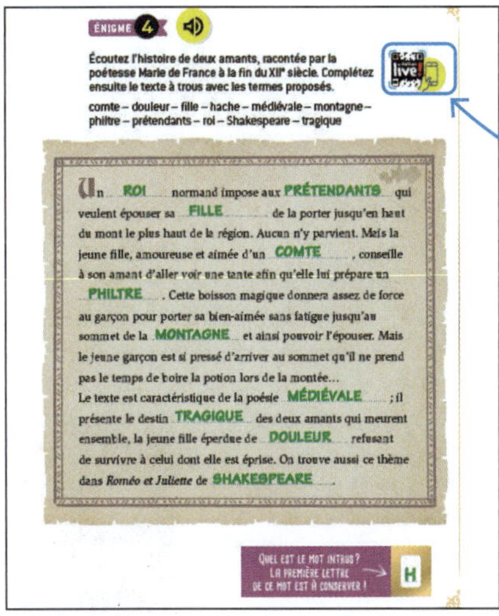
ÉNIGME 4

Écoutez l'histoire de deux amants, racontée par la poétesse Marie de France à la fin du XIIe siècle. Complétez ensuite le texte à trous avec les termes proposés.

comte – douleur – fille – hache – médiévale – montagne – philtre – prétendants – roi – Shakespeare – tragique

Un ROI normand impose aux PRÉTENDANTS qui veulent épouser sa FILLE de la porter jusqu'en haut du mont le plus haut de la région. Aucun n'y parvient. Mais la jeune fille, amoureuse et aimée d'un COMTE, conseille à son amant d'aller voir une tante afin qu'elle lui prépare un PHILTRE. Cette boisson magique donnera assez de force au garçon pour porter sa bien-aimée sans fatigue jusqu'au sommet de la MONTAGNE et ainsi pouvoir l'épouser. Mais le jeune garçon est si pressé d'arriver au sommet qu'il ne prend pas le temps de boire la potion lors de la montée…

Le texte est caractéristique de la poésie MÉDIÉVALE ; il présente le destin TRAGIQUE des deux amants qui meurent ensemble, la jeune fille éperdue de DOULEUR refusant de survivre à celui dont elle est éprise. On trouve aussi ce thème dans *Roméo et Juliette* de SHAKESPEARE.

QUEL EST LE MOT INTRUS ? LA PREMIÈRE LETTRE DE CE MOT EST À CONSERVER ! → H

Guidage et relances

- Comme il est précisé que c'est un texte de Marie de France, on comprend que c'est elle qu'il faut scanner à l'aide de **Nathan Live!**.

- Le texte à trous est à compléter directement sur le livret. Il est conseillé de procéder à une première écoute attentive et ensuite de compléter le texte. Si une écoute ne suffit pas, il est possible de l'écouter une seconde fois.
- Une fois les mots placés et barrés au fur et à mesure, il n'en reste qu'un. Ce mot « HACHE » se prononce comme la lettre, H, qui doit être inscrite dans la case de la lettre mystère.

ÉTAPE 5 — 5 min

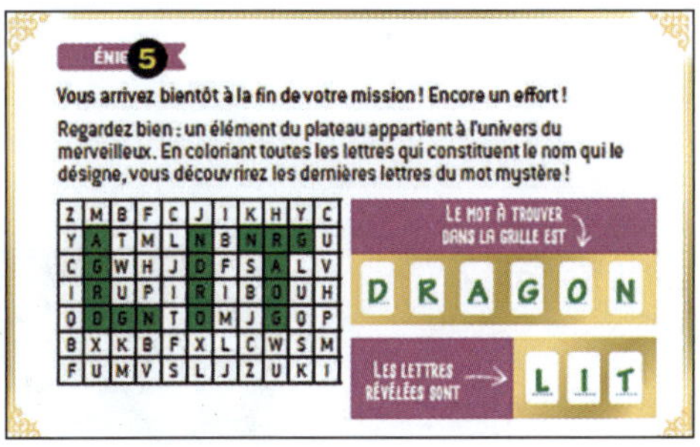
ÉNIGME 5

Vous arrivez bientôt à la fin de votre mission ! Encore un effort !

Regardez bien : un élément du plateau appartient à l'univers du merveilleux. En coloriant toutes les lettres qui constituent le nom qui le désigne, vous découvrirez les dernières lettres du mot mystère !

Z	M	B	F	C	J	I	K	H	Y	C
Y	A	T	M	L	N	B	N	R	G	U
C	G	W	H	J	D	F	S	A	L	V
I	R	U	P	I	R	I	B	O	U	H
O	D	G	N	T	O	M	J	G	O	P
B	X	K	B	F	X	L	C	W	S	M
F	U	M	V	S	L	J	Z	U	K	I

LE MOT À TROUVER DANS LA GRILLE EST : DRAGON

LES LETTRES RÉVÉLÉES SONT → L I T

Guidage et relances

- Ne pas hésiter à redéfinir la notion de merveilleux avec les élèves en cas de blocage.

- Après avoir repéré le dragon, les élèves colorient les lettres que contient ce mot sur la grille du livret. Trois lettres apparaissent, qu'il faut reporter dans l'espace dédié sur le livret.

ÉTAPE 6 — 4 min

Guidage et relances

- Une fois toutes les lettres mystère collectées, les élèves les reportent directement dans l'encart vert.
- Il ne leur reste plus qu'à les remettre dans l'ordre afin de débloquer le mot mystère nécessaire à la mise en commun. Le texte de la mission leur donne un indice complémentaire ; ici, le mot qui résume le mieux l'histoire est PHILTRE. C'est un mot rare, mais ils l'ont déjà rencontré dans le texte du plateau.

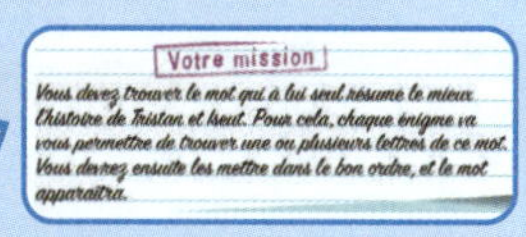
Votre mission

Vous devez trouver le mot qui à lui seul résume le mieux l'histoire de Tristan et Iseut. Pour cela, chaque énigme va vous permettre de trouver une ou plusieurs lettres de ce mot. Vous devrez ensuite les mettre dans le bon ordre, et le mot apparaîtra.

BILAN

BILAN

Donnez trois mots pour qui résument la conception de l'amour exposée dans *Tristan et Iseut*

COURTOISIE MAGIE DOULEUR

Guidage et relances

Ensemble, les élèves cherchent des mots qui évoquent l'histoire. Les mots indiqués dans la feuille de route corrigée ne sont qu'indicatifs.

Le plateau ② pas à pas

ÉTAPE 1 — 4 min

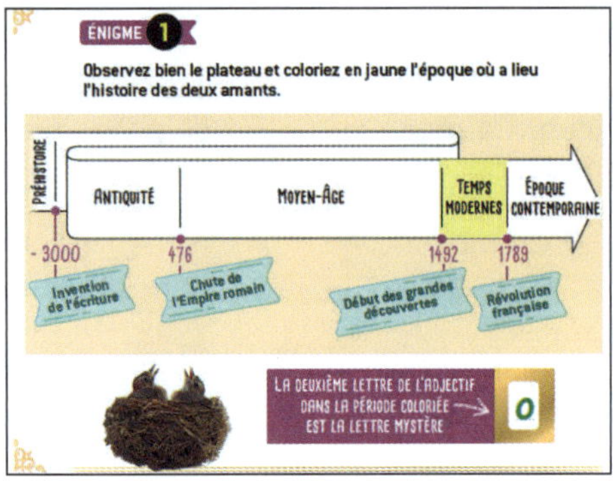

Guidage et relances

- La première étape permet de plonger dans la richesse du plateau et de découvrir l'univers de *Roméo et Juliette*. Sur le plateau, la date de parution sur la couverture de la première édition, les vêtements des personnages devraient guider sans difficulté les élèves vers les Temps modernes. Une fois la période coloriée, les élèves reportent la lettre mystère sur le livret et peuvent passer à l'étape suivante.

ÉTAPE 2 — 7 min

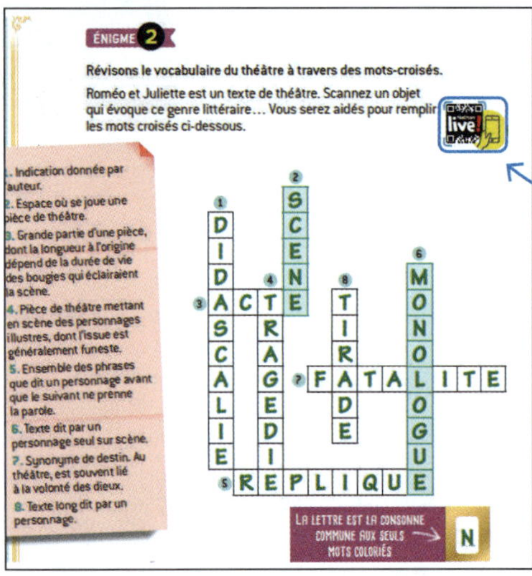

Guidage et relances

- Pour résoudre cette seconde énigme, les élèves vont devoir scanner un élément sur le plateau à l'aide de l'application **Nathan Live!**. Il s'agit des masques visibles en haut à gauche du texte.

- Les élève accèdent alors à un nuage de mots qui va les aider à compléter les mots croisés.
- Une fois le vocabulaire du théâtre trouvé, il leur reste à repérer quelle consonne est commune aux mots en bleu (si besoin, rappeler ce qu'est une consonne).

ÉTAPE 3 — 8 min

Guidage et relances

- Les élèves scannent successivement deux objets du plateau à l'aide de l'application **Nathan Live!** et font l'exerce dans l'application.
- Ils scannent ensuite le livre pour l'ouvrir et ont accès au résumé de l'histoire : ils apprennent alors comment meurt Juliette.
- Ils scannent le poignard et accèdent à l'exercice.

- Dans deux répliques prononcées à la toute fin de la pièce, alors que Roméo et Juliette sont morts tous les deux, les élèves doivent trouver un mot appartenant à la famille de « attristé ». Il s'agit de SORROW.
- Ils reportent dans le livret la voyelle présente deux fois dans ce mot : O.

ÉTAPE 4 — 7 min

ÉNIGME 4

Des acteurs doivent jouer la belle scène qui suit, mais certains mots ne sont pas lisibles : aidez-les à les retrouver en écoutant ce qui sort de la bouche d'un des protagonistes.

ailé – airs – ange – aurore – jalouse – lumière – nuées – Orient – pâleur – prêtresse – soleil

Le jardin de Capulet.

ROMÉO. — (*Apercevant Juliette qui apparaît à une fenêtre.*) – Mais doucement! Quelle LUMIÈRE jaillit par cette fenêtre ? – Voilà l'ORIENT, et Juliette est le SOLEIL ! – Lève-toi, belle AURORE, et tue la lune JALOUSE, – qui déjà languit et pâlit de douleur, parce que toi, sa PRÊTRESSE, tu es plus belle qu'elle-même ! […] Voilà madame ! Oh ! voilà mon amour ! Oh ! si elle pouvait le savoir… Que dit-elle ? Rien… […]

JULIETTE. — Hélas !

ROMÉO. — Elle parle ! Oh ! parle encore, ANGE resplendissant ! Car tu rayonnes dans cette nuit, au-dessus de ma tête, comme le messager AILÉ du ciel, quand, aux yeux bouleversés des mortels qui se rejettent en arrière pour le contempler, il devance les NUÉES paresseuses et vogue sur le sein des AIRS !

JULIETTE. — Ô Roméo ! Roméo ! pourquoi es-tu Roméo ? – Renie ton père et abdique ton nom ; ou, si tu ne le veux pas, jure de m'aimer, et je ne serai plus une Capulet.

QUEL EST LE MOT INTRUS ? LA PREMIÈRE LETTRE DE CE MOT EST À CONSERVER ! → P

Guidage et relances

- Les élèves scannent la bouche de Juliette à l'aide de **Nathan Live!** pour entendre le texte déclamé.
- Le texte à trous est à compléter directement sur le livret. Il est conseillé de procéder à une première écoute attentive et ensuite de compléter le texte. Si une écoute ne suffit pas, il est possible de l'écouter une seconde fois.
- Une fois les mots placés et barrés au fur et à mesure, il n'en reste qu'un. Le mot PÂLEUR est le mot intrus. On ne retient que la première lettre.

ÉTAPE 5 — 5 min

ÉNIGME 5

Vous arrivez bientôt à la fin de votre mission ! Encore un effort !

Sur le plateau, quel est l'endroit idéal pour déclarer sa flamme ? Ce mot constitue la clé pour découvrir les dernières lettres qui vous permettront de trouver le mot mystère ! Coloriez toutes les lettres qui constituent ce mot dans la grille, et découvrez une conjonction de subordination.

D	M	E	G	U	I	S	V	K
T	E	A	C	B	G	C	J	U
Q	L	P	Z	W	F	O	Z	M
I	V	N	C	X	M	A	D	I
M	S	J	D	O	H	L	E	X
X	A	B	N	Q	U	N	R	P
F	U	V	I	K	T	Y	E	V

LE MOT À TROUVER DANS LA GRILLE EST : B A L C O N

LES DEUX LETTRES RÉVÉLÉES SONT → S I

Guidage et relances

- Il s'agit d'attirer l'attention des élèves sur le balcon, lieu où se trouve Juliette qui entend Roméo.
- Les élèves colorient les lettres que contient ce mot sur la grille du livret. Deux lettres apparaissent, qu'il faut reporter dans l'espace dédié sur le livret.

ÉTAPE 6 — 4 min

Guidage et relances

- Une fois toutes les lettres mystère collectées, les élèves les reportent directement dans l'encart vert.
- Il ne leur reste plus qu'à les remettre dans l'ordre afin de débloquer le mot mystère nécessaire à la mise en commun. Le texte de la mission leur donne un indice complémentaire : ici, POISON. C'est en effet par le poison que meurt Roméo, poison acheté chez un apothicaire lors de son exil (et présent aussi sur le plateau).

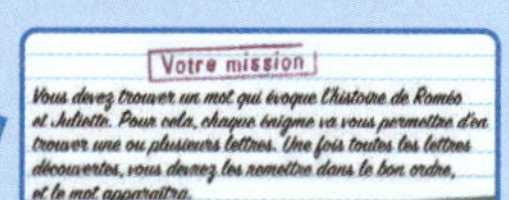

BILAN

BILAN

Donnez trois mots pour qui résument la conception de l'amour que Shakespeare expose dans *Roméo et Juliette*.

PASSION CLAN RIVALITÉ

Guidage et relances

Ensemble, les élèves cherchent des mots qui évoquent l'histoire. Les mots indiqués dans la feuille de route corrigée ne sont qu'indicatifs.

Le plateau 3 pas à pas

ÉTAPE 1 — 4 min

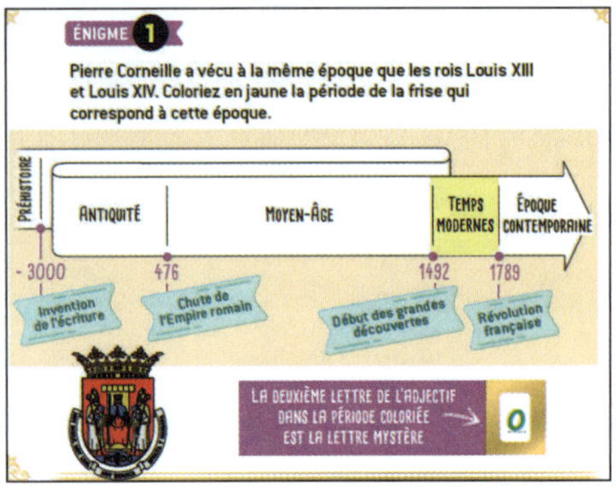

Guidage et relances

Le professeur peut guider les élèves lors de cette première étape.

- La première étape permet de plonger dans la richesse du plateau et d'activer chez les élèves leurs connaissances de CM2 (début du cycle 3) sur la période à laquelle a vécu le Roi Soleil ; ils colorient alors les Temps modernes.
- Une fois la période coloriée, les élèves reportent la lettre mystère sur le livret et peuvent passer à l'étape suivante.

ÉTAPE 2 — 7 min

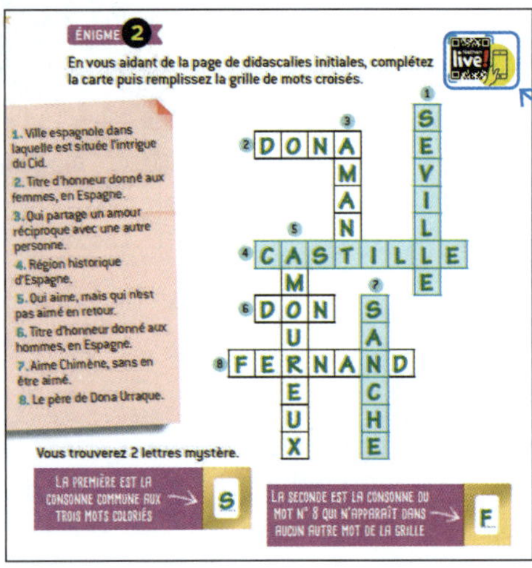

Guidage et relances

- Pour résoudre cette seconde énigme, les élèves doivent scanner un élément sur le plateau à l'aide de l'application **Nathan Live!**. Il s'agit de la didascalie initiale de la pièce.

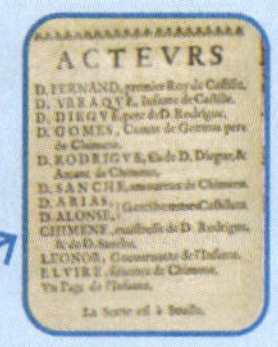

- Insister sur la nécessité de remplir la carte heuristique pour bien saisir les subtilités des rapports entre les personnages, en particulier la différence, à l'époque, entre « amoureux » (qui aime sans être aimé en retour) et « amant » (qui aime d'un amour réciproque).

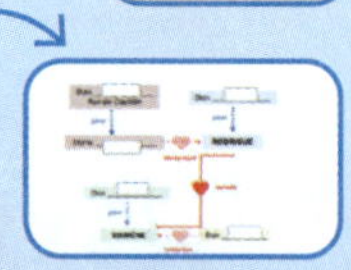

- Une fois la grille remplie, il leur reste à repérer quelle consonne est commune aux mots en bleu et à procéder par élimination pour trouver la 2e consonne (si besoin, rappeler ce qu'est une consonne) .

ÉTAPE 3 — 8 min

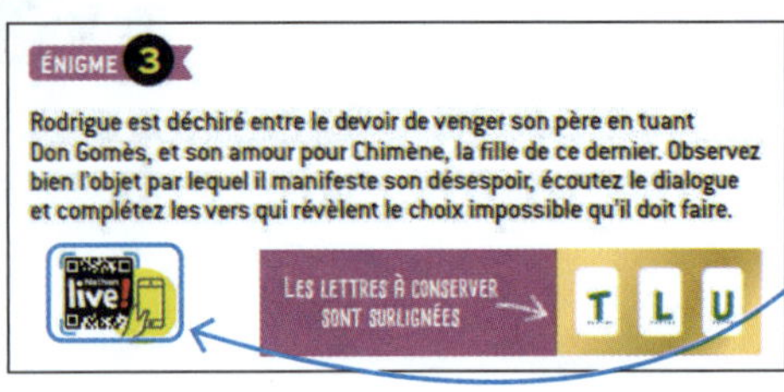

Guidage et relances

- Les élèves scannent un objet du plateau à l'aide de l'application **Nathan Live!** et font l'exercice dans l'application.

- Les élèves scannent l'épée et ont accès au dialogue et au texte à remplir dans l'application.

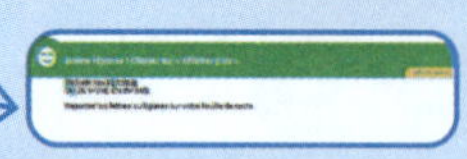

- Ils écoutent et lisent attentivement le dialogue et remplacent dans l'application les mots manquants. Ils peuvent écouter plusieurs fois le texte. Les lettres mystères sont alors surlignées dans l'application. Ils reportent ces lettres dans le livret.

ÉTAPE 4 — 7 min

ÉNIGME 4

Un comédien s'est entraîné à prononcer les vers les plus célèbres de la pièce de Corneille. Malheureusement, certains mots du texte ont été raturés !
Réparez ces dommages en complétant les citations à l'aide des mots proposés ci-dessous.

soufflet – vieillesse – années – affront – vaincre – obscure – hais

Ô rage ! ô désespoir ! ô VIEILLESSE ennemie !

À VAINCRE sans péril, on triomphe sans gloire.

Je suis jeune, il est vrai ; mais aux âmes bien nées
La valeur n'attend point le nombre des ANNÉES.

Va, je ne te HAIS point.

Cette OBSCURE clarté qui tombe des étoiles

En cet AFFRONT mon père est l'offensé,
Et l'offenseur le père de Chimène !

QUEL EST LE MOT INTRUS ? LA QUATRIÈME LETTRE DE CE MOT EST À CONSERVER ! F

Guidage et relances

- Il faut scanner les citations à l'aide de **Nathan Live!** pour écouter l'audio.
- Le texte à trous est à compléter directement sur le livret. Il est conseillé de procéder à une première écoute attentive et ensuite de placer les mots. Si une écoute ne suffit pas, il est possible de l'écouter une seconde fois. Les élèves écoutent mais ils n'ont pas accès au texte écrit.
- Les citations sont replacées dans leur contexte : ils entendent donc un extrait un peu plus long qui contient chaque citation.
- Une fois les mots placés et barrés au fur et à mesure, il n'en reste qu'un, SOUFFLET. On retient la quatrième lettre.

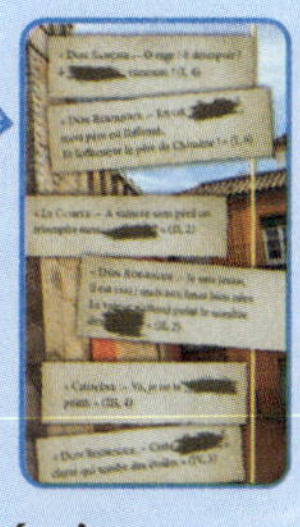

ÉTAPE 5 — 5 min

ÉNIGME 5

Vous arrivez bientôt à la fin de votre mission ! Encore un effort !

Le Cid a réellement existé au XIe siècle ; il s'agit d'un chevalier chrétien, Don Rodrigue Diaz de Bivar. Qu'est-ce ce qui recouvre le torse de ce preux chevalier ? Coloriez ensuite les lettres qui constituent ce mot dans la grille ci-dessous et vous découvrirez une conjonction de coordination.

X	H	L	G	N	P	I	D	S	Y
K	R	B	R	J	R	E	B	M	O
M	E	P	I	O	X	R	V	C	T
T	A	R	C	D	F	A	I	G	L
O	B	L	Q	N	K	E	N	W	Q
I	R	A	B	S	Z	B	F	K	P
Z	W	J	T	C	Y	O	P	I	H

LE MOT À TROUVER DANS LA GRILLE EST : B A R B E

LA LETTRE À TROUVER EST : E

Guidage et relances

- On demande aux élèves de repérer la statue du véritable Cid.
- Une fois la barbe repérée, les élèves colorient les lettres que contient ce mot sur la grille du livret. Deux lettres apparaissent, ET, et c'est la première qu'il faut reporter dans l'espace dédié sur le livret.

ÉTAPE 6 — 4 min

Guidage et relances

- Une fois toutes les lettres mystères collectées, les élèves les reportent directement dans l'encart vert.
- Il ne leur reste plus qu'à les remettre dans l'ordre afin de débloquer le mot mystère nécessaire à la mise en commun. Le texte de la mission leur donne un indice complémentaire : ici, l'événement essentiel de l'intrigue est le SOUFFLET donné par le père de Chimène au père de Rodrigue.

> Votre mission
> Vous devez trouver le mot qui désigne un événement essentiel dans l'avancée de l'intrigue du Cid, célèbre tragi-comédie de Pierre Corneille. Pour cela, chaque énigme va vous permettre d'en trouver une ou plusieurs lettres. Vous devrez ensuite les mettre dans le bon ordre, et le mot apparaîtra.

BILAN

BILAN

Donnez trois mots pour qui résument la conception de l'amour dans la pièce de Pierre Corneille.

DILEMME HONNEUR FIDÉLITÉ

Guidage et relances

Ensemble, les élèves cherchent des mots qui évoquent l'histoire. Les mots indiqués dans la feuille de route corrigée ne sont qu'indicatifs.

Le plateau 4 pas à pas

ÉTAPE 1 — 4 min

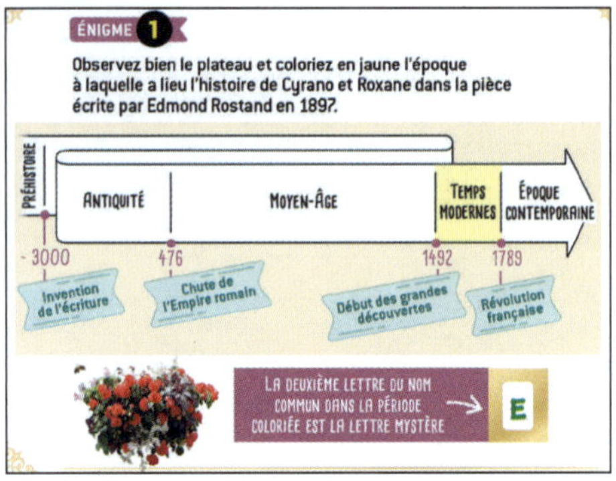

Guidage et relances

Le professeur peut guider les élèves lors de cette première étape.

- La première étape permet de plonger dans la richesse du plateau et de découvrir l'univers de Cyrano, Roxane et Christian. Les vêtements des personnages, l'architecture du bâtiment en arrière-plan, peut-être la carte de Tendre seront-ils des indices qui guideront les élèves vers les Temps modernes.
- Une fois la période coloriée, les élèves reportent la lettre mystère sur le livret et peuvent passer à l'étape suivante.

ÉTAPE 2 — 7 min

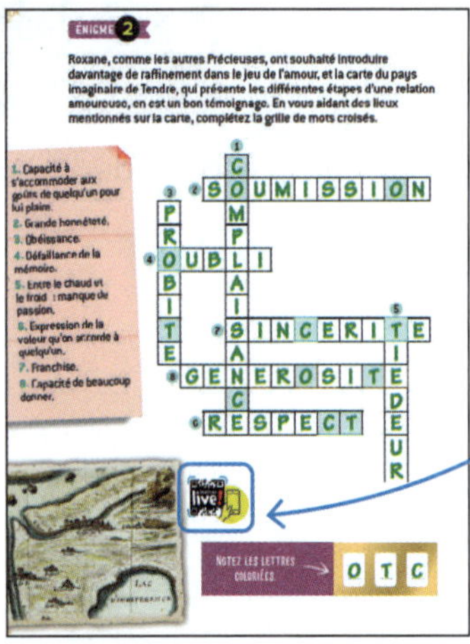

Guidage et relances

- Pour résoudre cette seconde énigme, les élèves doivent scanner un élément sur le plateau à l'aide de l'application **Nathan Live!**. Il s'agit de la carte du pays de Tendre qui leur permettra grâce à une loupe d'avoir un accès plus précis aux lieux mentionnés sur la carte.
- Une fois la grille remplie, il leur reste à reporter les trois lettres coloriées sur leur livret. Toutes les occurences de ces trois lettres sont coloriées.

ÉTAPE 3 — 8 min

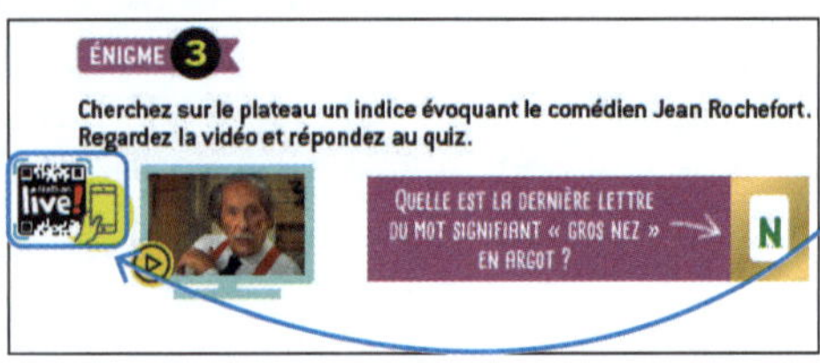

Guidage et relances

- Les élèves scannent un objet du plateau à l'aide de l'application **Nathan Live!** et font l'exercice dans l'application.
- Pour trouver l'élément à scanner sur le plateau, indiquer aux élèves d'observer la photo du comédien Jean Rochefort. Sa moustache est bien visible, et on la retrouve au-dessus d'une fenêtre.
- Les élèves scannent la moustache et accèdent à la vidéo puis au quiz.
- Les élèves peuvent écouter plusieurs fois la vidéo pour répondre au quiz, et trouver le mot en argot désignant le nez : TARIN dont la dernière lettre est un N. Ils reportent cette lettre dans le livret.

ÉTAPE 4 — 7 min

ÉNIGME 4

Pour plaire à la Précieuse Roxane, Cyrano utilise un langage raffiné lorsqu'il lui parle d'amour, employant de nombreuses périphrases afin de ne pas nommer directement les choses. Écoutez l'insecte qui butine et replacez les mots effacés par les larmes du Gascon amoureux.

aveu – bouche – goût – instant – lèvres – respirer – rose – serment – yeux

Un baiser, mais à tout prendre, qu'est-ce ?
Un AVEU fait d'un peu plus près, une promesse
Plus précise, un SERMENT qui veut se confirmer,
Un point ROSE qu'on met sur l'i du verbe aimer ;
C'est un secret qui prend la BOUCHE pour oreille.
Un INSTANT d'infini qui fait un bruit d'abeille,
Une communion ayant un GOÛT de fleur,
Une façon d'un peu se RESPIRER le cœur,
Et d'un peu se goûter, au bord des LÈVRES, l'âme !

QUEL EST LE MOT INTRUS ? LA TROISIÈME LETTRE DE CE MOT EST À CONSERVER ! → U

Guidage et relances

- Les élèves scannent les abeilles qui butinent les fleurs au pied de l'arbrisseau à l'aide de **Nathan Live!**.
- Le texte à trous est à compléter directement sur le livret. Il est conseillé de procéder à une première écoute attentive, et ensuite de placer les mots. Si une écoute ne suffit pas, il est possible de l'écouter une seconde fois.
- Une fois les mots placés et barrés au fur et à mesure, il n'en reste qu'un : YEUX. On retient la troisième lettre.

ÉTAPE 5 — 5 min

ÉNIGME 5

Vous arrivez bientôt à la fin de votre mission ! Encore un effort !

Quel terme désigne à la fois un adjectif marquant une attitude affectueuse envers quelqu'un, et un pays imaginaire inventé au XVIIe siècle ? Coloriez toutes les lettres composant ce terme dans le tableau ci-dessous. Une lettre apparaîtra comme par magie !

I	H	P	G	I	F	X	L
P	S	G	V	M	J	Z	C
U	D	P	V	L	P	T	V
C	T	S	I	L	U	R	W
B	E	J	V	O	W	N	B
A	G	D	K	A	D	W	G
J	J	G	N	E	J	X	W
X	I	U	M	J	K	O	M

LE MOT À TROUVER EST : T E N D R E

LA RÉVÉLÉE EST → V

Guidage et relances

- Les élèves doivent trouver l'adjectif TENDRE. Une fois ce terme repéré, ils colorient toutes les lettres que contient ce mot sur la grille du livret. La lettre V apparaît, qu'il faut reporter dans l'espace dédié sur le livret.

ÉTAPE 6 — 4 min

Vous y êtes presque…

NOTEZ ICI LES LETTRES TROUVÉES : E O T C N U V

METTEZ-LES DANS L'ORDRE POUR TROUVER LE MOT MYSTÈRE

MOT MYSTÈRE : C O U V E N T

Guidage et relances

- Une fois toutes les lettres mystères collectées, les élèves les reportent directement dans l'encart vert.
- Il ne leur reste plus qu'à les remettre dans l'ordre afin de débloquer le mot mystère nécessaire à la mise en commun. Le texte de la mission leur donne un indice complémentaire. Ici, le COUVENT est le lieu où se retire Roxane. Cyrano, blessé à mort, récite par cœur les mots de Christian. Roxane comprend la supercherie : Cyrano est bien l'auteur de ces mots d'amour.

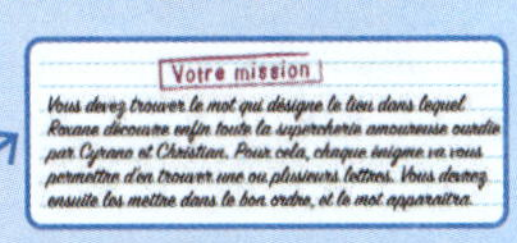

BILAN

BILAN

Donnez trois mots pour qui résument la conception de l'amour que les Précieuses revendiquent.

RAFFINEMENT PÉRIPHRASE SINCÉRITÉ

Guidage et relances

Ensemble, les élèves cherchent des mots qui évoquent l'histoire. Les mots indiqués dans la feuille de route corrigée ne sont qu'indicatifs.

Le plateau 5 pas à pas

ÉTAPE 1 — 4 min

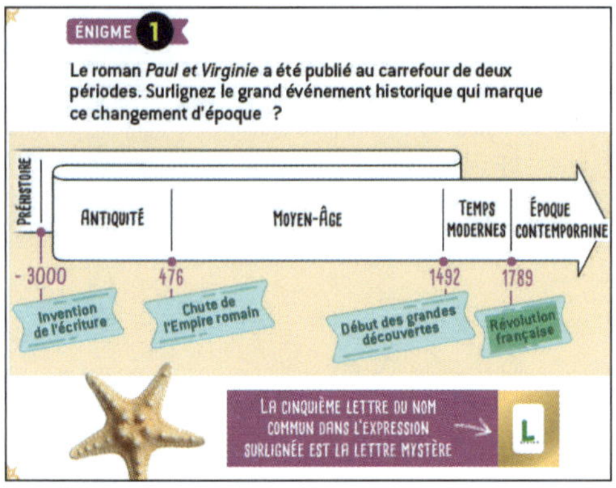

Guidage et relances

- La première étape permet de plonger dans la richesse du plateau et de découvrir l'univers de *Paul et Virginie*. La question parle du carrefour de deux époques : on voit sur le plateau des philosophes des Lumières : il s'agit de la Révolution française, carrefour des temps modernes et de l'époque contemporaine.
- Une fois la période coloriée, les élèves reportent la lettre mystère sur le livret et peuvent passer à l'étape suivante.

ÉTAPE 2 — 7 min

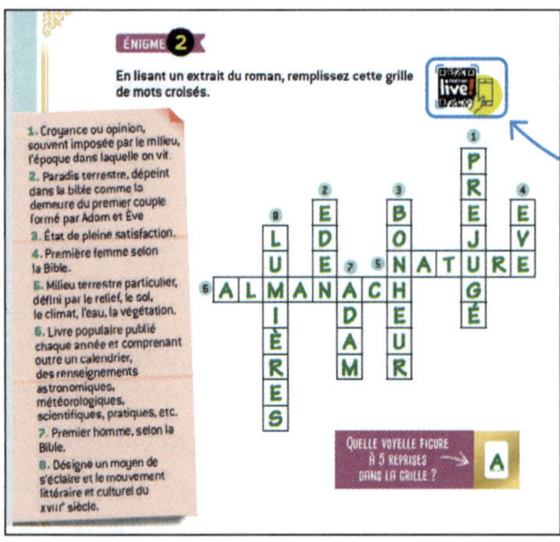

Guidage et relances

- Pour résoudre cette seconde énigme, les élèves doivent scanner sur le plateau à l'aide de l'application **Nathan Live!**. Il s'agit de la page du roman qui va leur permettre d'écouter l'extrait.
- Une fois la grille remplie, il leur reste à reporter la voyelle figurant à cinq reprises dans la grille sur leur livret : A.

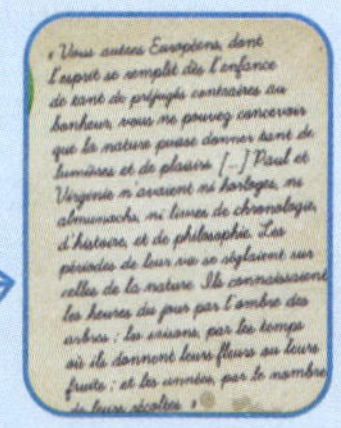

ÉTAPE 3 — 8 min

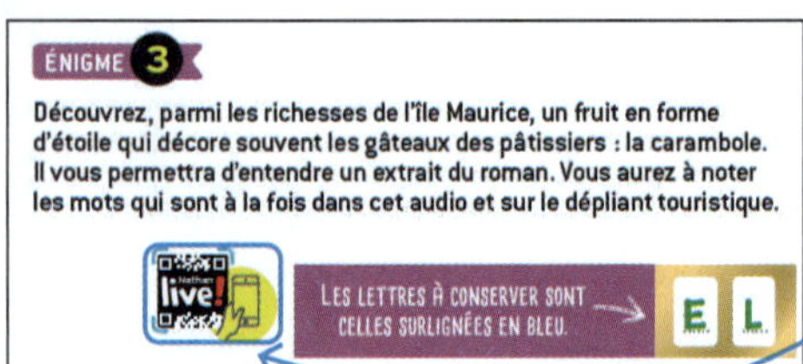

Guidage et relances

- Les élèves scannent un objet du plateau à l'aide de l'application **Nathan Live!** et font l'exercice dans l'application.
- Les élèves scannent les caramboles et ont accès à l'audio qu'ils peuvent écouter plusieurs fois. Ils doivent repérer les mots présents à la fois dans le texte lu et sur le dépliant touristique. Une fois les mots notés dans l'application, les deux lettres mystères apparaissent, surlignées en bleu : E et L. Ils les reportent dans le livret.

ÉTAPE 4 — 7 min

ÉNIGME 4

Paul et Virginie vivent en harmonie avec la nature, sans être corrompus par la société. Cette vision proposée par Bernardin de Saint-Pierre est proche de la notion d'« état de nature », construite par son ami le philosophe Jean-Jacques Rousseau. À l'époque des Lumières, les écrivains aimaient se rencontrer pour dialoguer. Installés à l'ombre d'un bel arbre, les philosophes vous aideront à compléter ce texte.

besoins – existence – fiction – libre – méchant – naturel – nourriture – philosophe – privée – réelle – voyage

Rousseau est un PHILOSOPHE de l'époque des Lumières. se demande ce que serait l'homme s'il ne vivait pas en société et s'il était uniquement dans un environnement NATUREL.
Il invente donc cette idée d'un « état de nature ». Ce n'est pas une période historique RÉELLE, mais une FICTION.
Pour Rousseau, l'homme, dans cet état de nature, ne cherche qu'à obtenir les denrées qui sont indispensables à son EXISTENCE, comme l'eau et la NOURRITURE.
Il ne veut de mal à personne. L'homme originel est également un être LIBRE.
En société, l'homme pour Rousseau est différent de ce qu'il est naturellement. En entrant en société, il perd son insouciance. Il se crée des BESOINS, il doit travailler. L'avènement de la propriété PRIVÉE le rend MÉCHANT.

QUEL EST LE MOT INTRUS ? LA PREMIÈRE LETTRE DE CE MOT EST À CONSERVER ! → V

Guidage et relances

- Les élèves scannent le groupe de philosophes qui dînent sous l'arbre à l'aide de **Nathan Live!**.

- Une vidéo permet de remplir le texte à trous qui est à compléter directement sur le livret. Si une écoute ne suffit pas, il est possible de l'écouter une seconde fois.

- Une fois les mots placés et barrés au fur et à mesure, il n'en reste qu'un, VOYAGE, dont on retient la première lettre.

ÉTAPE 5 — 5 min

ÉNIGME 5

Vous arrivez bientôt à la fin de votre mission ! Encore un effort !
Mme de la Tour, la mère de Virginie, l'envoie à Paris pour parfaire son éducation auprès de sa tante. De retour sur l'île, après deux ans d'absence, elle meurt au cours du naufrage de son bateau…
Qu'a-t-elle pu, par pudeur, refuser de retirer pour mieux nager, ce qui lui aurait pourtant sauvé la vie ? Coloriez les lettres qui composent ce mot, une conjonction apparaîtra.

A	M	P	F	I	L	H	C	K
G	O	J	K	B	G	E	I	Q
Z	R	B	W	E	N	R	D	Y
N	B	U	O	R	A	B	U	J
C	E	F	V	O	K	O	M	V
I	B	D	T	R	W	E	S	D
L	H	Q	P	J	L	Z	F	N

LE MOT À TROUVER EST → R O B E

LES DEUX LETTRES RÉVÉLÉES SONT → N I

Guidage et relances

- Les élèves doivent trouver le mot robe. Une fois ce terme deviné, ils colorient les lettres que contient ce mot sur la grille du livret. La conjonction NI apparaît alors, qu'ils reportent dans l'espace dédié sur le livret.

ÉTAPE 6 — 4 min

Guidage et relances

- Une fois toutes les lettres mystères collectées, les élèves les reportent directement dans l'encart vert.
- Il ne leur reste plus qu'à les remettre dans l'ordre afin de débloquer le mot mystère nécessaire à la mise en commun. Le texte de la mission leur donne un indice complémentaire : ici, la fleur typique de l'île Maurice, la VANILLE.

Votre mission

Vous devez trouver le mot qui désigne une fleur typique de l'île Maurice, où ont vécu Paul et Virginie. Pour cela, chaque énigme va vous permettre d'en trouver une ou plusieurs lettres. Vous devrez ensuite mettre les lettres dans le bon ordre, et le mot apparaîtra…

BILAN

BILAN

Donnez trois mots pour qui résument la conception de l'amour que Bernardin de Saint-Pierre expose dans son récit.

NATURE INNOCENCE PARADIS

Guidage et relances

Ensemble, les élèves cherchent des mots qui évoquent l'histoire. Les mots indiqués dans la feuille de route corrigée ne sont qu'indicatifs.

Le plateau 6 pas à pas

ÉTAPE 1 — 5 min

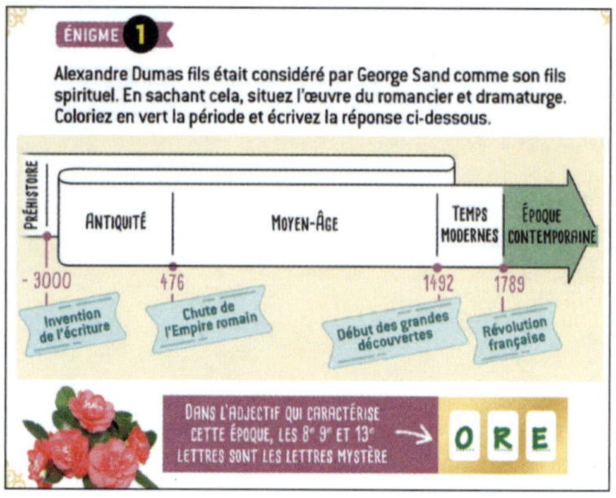

Guidage et relances

- La première étape permet de plonger dans la richesse du plateau et de découvrir l'univers de *La Dame aux camélias*. Le décor de la pièce, mais surtout l'œuvre de George Sand de 1832 présente sur le bureau devraient guider les élèves vers l'époque contemporaine.
- Une fois la période coloriée, les élèves reportent les trois lettres mystères sur le livret et peuvent passer à l'étape suivante.

ÉTAPE 2 — 10 min

Guidage et relances

- Pour résoudre cette seconde énigme, les élèves doivent lire et analyser la description de la Dame aux camélias présente sur le plateau.
- En s'appuyant sur le texte, ils complètent la grille de mots-croisés.

- Une fois la grille remplie, ils doivent scanner le médaillon représentant un portrait. Sur l'application apparaissent trois réponses possibles. À eux de trouver la bonne en observant les lettres des mots-croisés. En sachant qu'il n'y a pas de U et que le L n'est présent qu'une seule fois, le mot à trouver est PARFAITE. Le nom de celle qui a inspiré ce roman est donc Marie Duplessis.

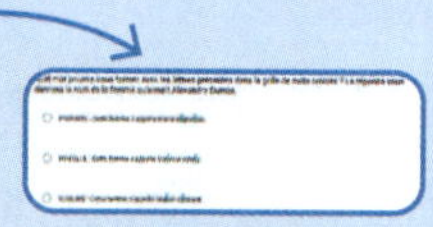

Les deux lettres en surbrillance à reporter sont donc le S et le U.

ÉTAPE 3 — 10 min

Guidage et relances

- Les élèves scannent un objet du plateau à l'aide de l'application **Nathan Live!** et font l'exercice dans l'application.
- Les élèves scannent la page posée sur le bureau pour en découvrir l'incipit (rappeler si besoin ce qu'est un incipit).
- En lisant attentivement les premières lignes du roman, les élèves tentent de comprendre le registre de ce texte et la promesse du narrateur.
- Ici, le mot-clé à trouver est le mot RÉALITÉ.
- Il leur reste à reporter les 3e et 5e lettres de ce mot, le A et le I

ÉTAPE 4 — 8 min

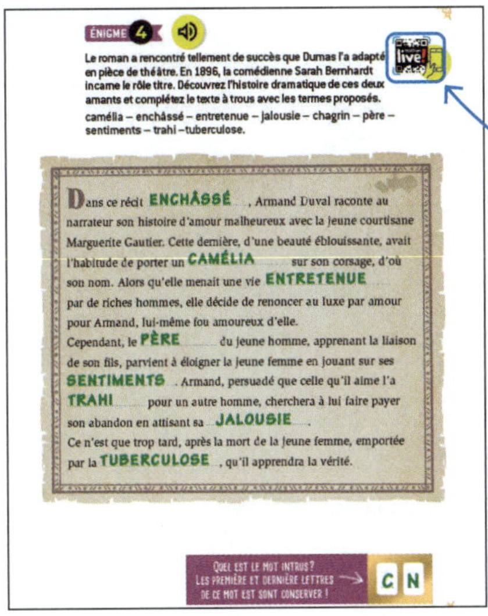

Guidage et relances

- Les élèves scannent l'affiche de la pièce de théâtre dont le nom de l'actrice mentionnée est visible en grand à l'aide de **Nathan Live!**.

- Le texte à trous est à compléter directement sur le livret. Il est conseillé de procéder à une première écoute attentive et ensuite de compléter le texte. Si une écoute ne suffit pas, il est possible de l'écouter une seconde fois.
- Une fois les mots placés et barrés au fur et à mesure, il n'en reste qu'un. Le mot CHAGRIN est le mot intrus. On ne retient que la première et la dernière lettre.

ÉTAPE 5 — 7 min

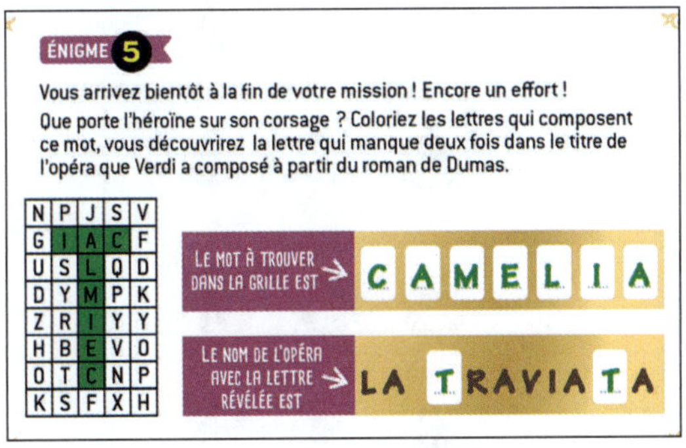

Guidage et relances

- Les élèves doivent trouver le mot « camélia ». Une fois ce terme deviné, ils colorient toutes les lettres que contient ce mot sur la grille du livret. La lettre T apparaît alors, qu'ils reportent deux fois sur le livret dans l'espace dédié. Ils ont désormais le nom de *La Traviata*, l'opéra de Verdi.

ÉTAPE 6 — 5 min

Guidage et relances

- Une fois toutes les lettres mystères collectées, les élèves les reportent directement dans l'encart vert.
- Il leur reste à les remettre dans l'ordre afin de débloquer le mot mystère nécessaire à la mise en commun. Le texte de la mission leur donne un indice complémentaire : ici, COURTISANE caractérise Marguerite Gautier qui mène la vie d'une prostituée avant de se retirer du monde lorsqu'elle rencontre Armand Duval

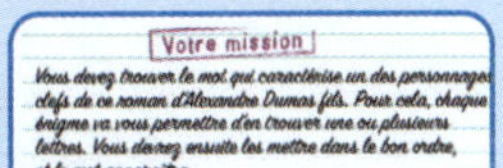

BILAN

Guidage et relances

Ensemble, les élèves cherchent des mots qui évoquent l'histoire. Les mots indiqués dans la feuille de route corrigée ne sont qu'indicatifs.

Mise en commun et solution du jeu

10 min

MISE EN COMMUN

Une fois toutes les étapes réalisées, les équipes savent à quelle époque elles se trouvent ; elles ont trouvé les mots-clés du plateau ; elles disposent d'un indice, utile pour la solution du jeu. Tous ces éléments leur ont permis de rédiger quelques lignes sur les informations récoltées dans leur plateau.

Plateau	Nom de l'auteur	Période dans laquelle s'inscrit l'histoire
1 → Tristan et Iseut	Tradition orale	Moyen Âge
2 → Roméo et Juliette	William Shakespeare	Temps moderne
3 → Chimène et Rodrigue	Pierre Corneille	Temps moderne
4 → Cyrano	Edmond Rostand	Temps moderne
5 → Paul et Virginie	Bernardin de Saint-Pierre	Révolution française
6 → La Dame aux camélias	Alexandre Dumas fils	Époque contemporaine

Guidage et relances

- Il faut d'abord découper les cartes de la page 108. Si on veut que chaque groupe ait sa feuille de mise en commun, il suffit de reproduire la page trois fois : il y a deux jeux de cartes sur la page.
- Chaque groupe note sur la carte correspondant à son plateau le nom de l'auteur de la pièce ou du roman. Pour *Roméo et Juliette*, *Cyrano de Bergerac*, *Paul et Virginie*, *La Dame aux camélias*, les noms des auteurs sont sur le plateau, dans la source des extraits. Le nom de Pierre Corneille, auteur du *Cid*, apparaît à 3 reprises dans la feuille de route. En ce qui concerne *Tristan et Iseut*, il est dit dans l'énigme 3 que ce récit appartient à la tradition orale, et a été repris par différents auteurs.
- Un membre de chaque groupe colle sa carte à la bonne place sur la frise chronologique. Le cas de *Cyrano de Bergerac* est un peu particulier : la pièce a certes été écrite en 1897, mais l'histoire correspond à la vie de Cyrano, mort en 1655.
- La mise en commun est une étape collaborative : Les groupes devront rassembler les mots trouvés pour chaque plateau et les lettres obtenues.
- En mettant ces lettres dans l'ordre, ils découvrent le lieu où Rose doit se rendre afin de retrouver Jack. Il s'agit de VENISE.

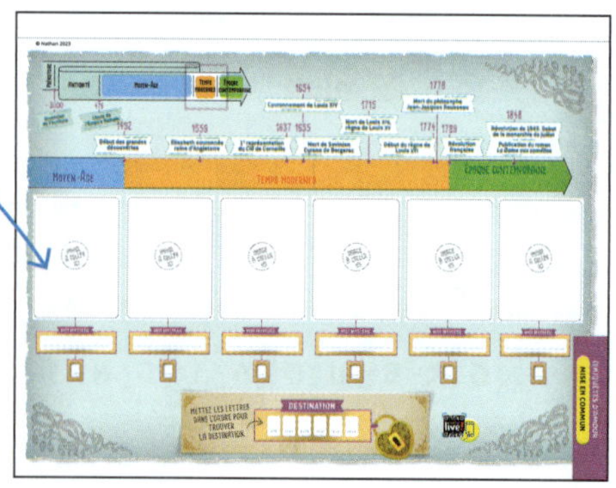

SOLUTION DU JEU

Rose devait lire des histoires d'amour de différentes époques. Grâce à la résolution de 5 énigmes, chaque groupe a trouvé un mot qui caractérise une pièce ou un récit. Sur chaque feuille de route, une lettre de ce mot était révélée. Mises dans le bon ordre, les 6 lettres donnent le nom de la ville où Jack attend Rose : Venise.

Guidage et relances

Les élèves se voient remettre un diplôme (p. 112) et accèdent à une vidéo de victoire en scannant le picto **Nathan Live!**.

TOUTES LES RÉPONSES en un coup d'œil !

	Plateau 1 Tristan et Iseut	Plateau 2 Roméo et Juliette	Plateau 3 Chimène et Rodrigue	Plateau 4 Cyrano	Plateau 5 Paul et Virginie	Plateau 6 La Dame aux camélias
ÉTAPE 1 4 min ▶ L'énigme de la période	Moyen Âge Dernière lettre du nom = E	Temps modernes Deuxième lettre de l'adjectif = O	Temps modernes Deuxième lettre de l'adjectif = O	Temps modernes Deuxième lettre du nom commun = E	Révolution française Cinquième lettre du nom commun = L	Époque contemporaine 7e, 9e et 13e lettres : O R E
ÉTAPE 2 7 min ▶ Mots croisés	1. Courtoisie – 2. Cour – 3. Finamor – 4. Canso – 5. Vilain – 6. Troubadours – 7. Lancelot – 8. Fidélité **Consonne commune aux mots coloriés** : R	1. Didascalie – 2. Scène – 3. Acte – 4. Tragédie – 5. Réplique – 6. Monologue – 7. Fatalité – 8. Monologue **Consonne commune aux mots coloriés** : N	• 1. Séville – 2. Dona – 3. Amant – 4. Castille – 5. Amoureux – 6. Don – 7. Sanche – 8. Fernand • **Consonne commune aux mots coloriés** : S Consonne qui n'apparaît que dans le mot n° 8 : F	• 1. Complaisance – 2. Soumission – 3. Probité – 4. Oubli – 5. Tiédeur – 6. Respect – 7. Sincérité – 8. Générosité • **Lettres coloriées** : 0 T C	• 1. Préjugé – 2. Eden – 3. Bonheur – 4. Ève – 5. Nature – 6. Almanach – 7. Adam – 8. Lumières • **Voyelle figurant 5 fois** : A	• 1. Mélioratif – 2. Impératif – 3. Comparaison – 4. Gracieusement – 5. Adjectif – 6. Pêche **Scanner le médaillon** • Mot composé avec les lettres du mot croisé : « parfaite », qui va avec Marie Duplessis **Lettres retenues** : U S
ÉTAPE 3 8 min ▶ Image à scanner ▶ Question sur l'application	**Scanner le bateau** • Traduction : Si / à cause de • La lettre P de poison est surlignée	**Scanner le livre** • Écouter l'histoire de Roméo et Juliette : on apprend que Juliette se tue avec la dague de Roméo **Scanner la dague** • Le mot est SORROW • La voyelle présente deux fois est le O	**Scanner l'épée** • **«** de trahir ma flamme ou de vivre en infâme **»** • Les lettres sont : TLU	**Scanner la moustache** • Punchline : trait d'esprit Flow musqué : éloquence Cador : héros Chaud de la baston : bagarreur Tarin : nez, gros nez Lyrics verdoyantes : paroles d'amour • La lettre est N	**Scanner la carambole** • MONTAGNE VERGER(S) ARBRES CIEL FORÊT(S) • Les lettres **à** retenir: EL	**Scanner la page sur le bureau** • RÉALITÉ • Les lettres à retenir : AI
ÉTAPE 4 7 min ▶ Texte à compléter	roi • prétendants • fille • comte • philtre • montagne • médiévale • tragique • douleur • Shakespeare	lumière • Orient • soleil • aurore • jalouse • prêtresse • ange • ailé • nuées • air	vieillesse • vaincre • années • hais • obscure • affront	aveu • serment • rose • bouche • instant • goût • respirer • lèvres	philosophe • naturel • fille • réelle • fiction • existence • nourriture • libre • besoins • privée • méchant	enchâssé • camélia • fille • entretenue • père • sentiments • trahi • jalousie • tuberculose
ÉTAPE 5 5 min ▶ Lettre(s) invisible(s)	• Le mot à trouver est DRAGON • Les lettres révélées sont : LIT	• Le mot à trouver est BALCON • Les lettres révélées sont : SI	• Le mot à trouver est BARBE • Les lettres révélées sont : ET • On garde la première : E	• Le mot à trouver est TENDRE • La lettre révélée est : V	• Le mot à trouver est ROBE • Les lettres révélées sont celles de la conjonction NI	• Le mot à trouver est CAMÉLIA • La lettre révélée est : T • Le nom de l'opéra de Verdi est donc : LA TRAVIATA
ÉTAPE 6 4 min ▶ Bilan	Lettres trouvées : ERPHLIT Mot mystère : PHILTRE Lettre à retenir : E	Lettres trouvées : ONOPSI Mot mystère : POISON Lettre à retenir : N	Lettres trouvées : OSFTULFE Mot mystère : SOUFFLET Lettre à retenir : S	Lettres trouvées : EOTCNUV Mot mystère : COUVENT Lettre à retenir : E	Lettres trouvées : LAELVNI Mot mystère : VANILLE Lettre à retenir : V	Lettres trouvées : OREUSAICNT Mot mystère : COURTISANE Lettre à retenir : I

MISE EN COMMUN ET SOLUTION DU JEU 10 min

Chaque histoire correspond à une carte qu'il faut remplir en notant le nom de l'auteur. Pour Tristan et Iseut, on note qu'il s'agit au départ d'une œuvre de la tradition orale. On colle ensuite les cartes sur la fiche de mise en commun et on ajoute les réponses trouvées pour chaque plateau. On obtient les lettres de VENISE.

Scripts

Les textes audio

Une aventure d'Enfers ! 6e

▶ PLATEAU 1 • Énigme 3 : Ovide, *Les Métmorphoses*, Ier s. av. J.-C.

Ils cheminent, dans un profond silence, sur les pentes d'un sentier raide, obscur, noyé dans un épais brouillard. Ils n'étaient plus éloignés de la surface de la terre ; Orphée, tremblant qu'Eurydice ne disparût et avide de la contempler, tourna, entraîné par l'amour, les yeux vers elle ; aussitôt, elle recula, et la malheureuse, tendant les bras, s'efforçant d'être retenue par lui, de le retenir, ne saisit que l'air inconsistant. Mais, mourant pour la seconde fois, elle ne prononça aucune plainte contre son époux : de quoi se plaindrait-elle, en effet, sinon d'être aimée ?

Elle dit à son époux un ultime adieu, qui parvint à peine à ses oreilles, et, revenant sur ses pas, retourna d'où elle venait. Frappé une seconde fois par la mort de son épouse, Orphée resta figé de stupeur, comme celui qui fut pris de peur en voyant les trois cous du chien infernal. […]

Malgré ses prières, ses vains efforts pour obtenir de passer une seconde fois, le nocher l'avait écarté. Il resta cependant sept jours entiers assis sur la rive, sans prendre aucun soin de sa personne, sans toucher aux dons de Cérès ; sa peine, sa douleur, ses larmes furent ses aliments.

▶ PLATEAU 2 • Énigme 3 : J. Cassabois, *L'Épopée d'Héraclès*, LDP Jeunesse, 2015

Cerbère, effrayé, voulut se jeter contre lui, mais il se sentit saisi par une poigne invisible qui lui broyait le cou à la jonction de ses trois têtes. Il suffoqua rapidement, se débattant, ouvrant désespérément ses gueules hargneuses, mais alors qu'il était près de sombrer dans l'inconscience, le nœud sur sa gorge se desserra et la voix d'Héraclès lui parvint :

– Couché ! ordonnait-elle. C'est moi qui te commande dorénavant !

Cerbère obéit en geignant et se tapit. […]

Après avoir refait surface, Héraclès prit la route de Tirynthe, accompagné du portier d'Hadès qui trottinait à ses côtés.

– Montre-leur qui tu es vraiment ! lui demanda-t-il, une fois devant les remparts où une foule s'était amassée. Ils pourraient croire que tu n'es qu'un simulacre.

Alors Cerbère se déchaîna. Il fit voler la poussière, ses serpents projetèrent des jets de venin qui fondirent les moellons de l'enceinte et son triple aboiement cracha l'haleine pestilentielle du monde d'En-Bas dont la brume recouvrit la ville. La panique propagea partout ses rumeurs. […] Le roi […] s'empressa de reconnaître qu'Héraclès avait accompli avec succès ce qu'il attendait de lui et le pria de faire le nécessaire pour que le monstre retournât au plus vite d'où il venait.

▶ PLATEAU 3 • Énigme 3 : Homère, *Hymnes*, « À Déméter », VIIIe s. av. J.-C.

Hadès parla ainsi. La prudente Perséphone se réjouit et, aussitôt, elle bondit d'allégresse. Mais il lui donna, des graines de grenade, douce nourriture qu'il lui fit manger à la dérobée, afin qu'elle ne restât pas toujours auprès de Déméter au voile sombre. Puis Hadès, qui commande à beaucoup, attela à un char d'or ses chevaux immortels. Et Perséphone monta sur le char. Auprès d'elle, Hermès, le messager des dieux, saisissant de ses mains les rênes et le fouet, traversa tout le palais, et les deux chevaux volaient sans se faire prier. Ils parcoururent rapidement la longue route ; ni la mer, ni l'eau des fleuves, ni les vallées couvertes d'herbe, ni les sommets ne retardèrent l'impétuosité des chevaux immortels, car ils les franchissaient, fendant la nuée épaisse.

▶ PLATEAU 4 • Énigme 3 : Apulée, *Les Métamorphoses*, Ier s.

La tour poursuit ses conseils à Psyché : « Tu pénétreras tout droit chez Proserpine elle-même. Elle te recevra gracieusement et avec bonté, t'invitera à t'asseoir sur un siège moelleux et à prendre un copieux repas. Mais toi, assieds-toi à terre, demande un pain grossier ; quand tu l'auras mangé, fais connaître ce qui t'amène et prends ce qui te sera présenté. Surtout, une fois sortie des Enfers avec la cassette, garde-toi de tout mouvement de curiosité à l'égard du trésor de divine beauté qu'elle recèlera. » Mais, malgré la hâte qu'elle avait d'arriver au bout de sa tâche, Psyché fut prise d'une curiosité téméraire : « Eh quoi ! », dit-elle, « suis-je assez sotte de porter la beauté divine sans en prélever même une parcelle pour moi et plaire ainsi, qui sait ? à mon bel amant. » Et, tout en parlant, elle ouvre la boîte. Mais dans la boîte, rien du tout ; de beauté, pas la moindre trace ; rien qu'un sommeil infernal, un vrai sommeil de Styx, qui l'envahit sitôt libéré du couvercle, répand sur tous ses membres une épaisse vapeur léthargique, et l'étend captive sur le chemin, à la place même où elle posait le pied. […]

Cupidon, qui ne pouvait endurer la longue absence de sa Psyché, s'était échappé par la haute fenêtre de la chambre où il était enfermé. D'un vol plus rapide que jamais, il la rejoint, écarte avec soin le sommeil, l'enferme de nouveau dans la boîte à la place qu'il y occupait ; puis il réveille Psyché par l'inoffensive piqûre d'une de ses flèches.

▶ PLATEAU 5 • Énigme 3 : Virgile, *L'Énéide*, Livre VI, Ier s. av. J.-C.

Cependant, le vénérable Anchise, au fond d'un vallon verdoyant, contemplait avec un tendre intérêt les âmes qui y étaient enfermées et qui devaient monter à la lumière d'en haut ; il était justement en train de dénombrer la suite de ses chers descendants, leurs destins, leurs fortunes, leur caractère, leurs exploits. Et dès qu'il vit Enée qui s'en venait au-devant de lui à travers le gazon, plein d'allégresse, il lui tendit les deux mains ; des larmes baignèrent ses joues et sa bouche laissa tomber ces mots :

– « Tu es venu enfin, et ta piété, tant attendue de ton père, a triomphé d'un dur voyage ! Il m'est donné de voir ton visage, mon fils, d'entendre ta voix familière et de te répondre ! En vérité, j'avais cette espérance au cœur, et j'escomptais l'avenir en calculant le temps. Que de terres, quelles mers immenses tu as traversées, avant d'arriver jusqu'à moi ! Quels grands dangers, mon fils, t'éprouvèrent ! »

Enée alors :

– « C'est ton image, mon père, c'est ta triste image, qui, s'offrant à moi bien souvent, m'a forcé de franchir le seuil de ces lieux. Donne-moi ta main, mon père, donne-la-moi, que je la serre, et ne te dérobe pas à nos embrassements. »

En parlant ainsi, il laissait couler de larges pleurs sur son visage. Trois fois il s'efforça de lui jeter ses bras autour du cou ; trois fois, saisie en vain, l'ombre s'échappa de ses mains, pareille aux vents légers et semblable à un songe ailé.

▶ PLATEAU 6 • Énigme 3 : Homère, *Odyssée*, chant X, VIIIe s. av. J.-C.

Et l'âme du Thébain Tirésias arriva, tenant un sceptre d'or, et elle me reconnut et me dit :

– Pourquoi, ô malheureux, ayant quitté la lumière du dieu Hélios, es-tu venu pour voir les morts et leur pays lamentable ?

Mais recule de la fosse, écarte ton épée, afin que je boive le sang, et je te dirai la vérité.

Il parla ainsi, et, me reculant, je remis dans sa gaine mon épée aux clous d'argent. Et il but le sang noir, et, alors, l'irréprochable devin me dit :

– Tu désires un retour très facile, illustre Ulysse, mais un dieu te le rendra difficile ; car je ne pense pas que celui qui entoure la terre apaise sa colère dans son cœur, et il est irrité parce que tu as aveuglé son fils.

Vous arriverez cependant, après avoir beaucoup souffert, si tu veux contenir ton esprit et celui de tes compagnons.

En ce temps, quand ton robuste navire aura abordé l'île Thrinacie, où vous échapperez à la sombre mer, vous trouverez là, broutant, les bœufs et les gras troupeaux de Hélios qui voit et entend tout. Si vous les laissez sains et saufs, si tu te souviens de ton retour, vous parviendrez tous à Ithaque, après avoir beaucoup souffert. Mais, si tu les blesses, je te prédis la perte de ton navire et de tes compagnons.

Les mondes de Jules Verne 5e

▶ Plateau 1 : *20 000 Lieues sous les mers* (1870)

Énigme 1 • Ce personnage avait-il trente-cinq ou cinquante ans, je n'aurais pu le préciser. Sa taille était haute, son front large, son nez droit, sa bouche nettement dessinée, ses dents magnifiques, ses mains fines, allongées.

Énigme 4 • Dix ou douze poulpes avaient envahi la plate-forme et les flancs du *Nautilus*. Nous roulions pêle-mêle au milieu de ces tronçons de serpents qui tressautaient sur la plate-forme dans des flots de sang et d'encre noire. Il semblait que ces visqueux tentacules renaissaient comme les têtes de l'hydre. Le harpon de Ned Land, à chaque coup, se plongeait dans les yeux glauques des calmars et les crevait. Mais mon audacieux compagnon fut soudain renversé par les tentacules d'un monstre qu'il n'avait pu éviter. Ah ! comment mon cœur ne s'est-il pas brisé d'émotion et d'horreur ! Le formidable bec du calmar s'était ouvert sur Ned Land. Ce malheureux allait être coupé en deux. Je me précipitai à son secours.

▶ Plateau 2 : *Le Tour du monde en 80 jours* (1872)

Énigme 1 • Passepartout était un brave garçon, de physionomie aimable, aux lèvres un peu saillantes, toujours prêtes à goûter ou à caresser, un être doux et serviable, avec une de ces bonnes têtes rondes que l'on aime à voir sur les épaules d'un ami.

Énigme 4 • Ces Sioux étaient munis de fusils. De là les détonations auxquelles les voyageurs, presque tous armés, ripostaient par des coups de revolver. Tout d'abord, les Indiens s'étaient précipités sur la machine. Le mécanicien et le chauffeur avaient été à demi assommés à coups de casse-tête. Un chef sioux, voulant arrêter le train, mais ne sachant pas manœuvrer la manette du régulateur, avait largement ouvert l'introduction de la vapeur au lieu de la fermer, et la locomotive, emportée, courait avec une vitesse effroyable.

▶ Plateau 3 : *Cinq semaines en ballon* (1863)

Énigme 1 • Plein de grâce et d'aisance, il paraissait doué d'une force herculéenne ; une figure fortement hâlée par le soleil, des yeux vifs et noirs, une hardiesse naturelle très décidée, enfin quelque chose de bon et de solide dans toute sa personne prévenait en faveur de l'Écossais.

Énigme 4 • Dans cette partie de l'Afrique, pendant les orages équatoriaux, il n'est pas rare de compter de trente à trente-cinq éclairs par minute. Le ciel est littéralement en feu, et les éclats du tonnerre ne discontinuent pas. Le vent se déchaînait avec une violence effrayante dans cette atmosphère embrasée ; il tordait les nuages incandescents ; on eût dit le souffle d'un ventilateur immense qui activait tout cet incendie.

▶ Plateau 4 : *Voyage au centre de la Terre* (1864)

Énigme 1 • Représentez-vous un homme grand, maigre, d'une santé de fer et d'un blond juvénile qui lui ôtait dix bonnes années de sa cinquantaine. Ses gros yeux roulaient sans cesse derrière des lunettes considérables ; son nez, long et mince, ressemblait à une lame affilée ; les méchants prétendaient même qu'il était aimanté et qu'il attirait la limaille de fer.

Énigme 4 • Deux heures après, une secousse épouvantable me réveille. Le radeau a été soulevé hors des flots avec une indescriptible puissance et rejeté à vingt toises de là.

« Qu'y a-t-il ? s'écrie mon oncle. Avons-nous touché ? »

Hans montre du doigt, à une distance de deux cents toises, une masse noirâtre qui s'élève et s'abaisse tour à tour. Je regarde et je m'écrie :

« C'est un marsouin colossal !

– Oui, réplique mon oncle, et voilà maintenant un lézard de mer d'une grosseur peu commune.

– Et plus loin un crocodile monstrueux ! Voyez sa large mâchoire et les rangées de dents dont elle est armée. Ah ! il disparaît !

– Une baleine ! une baleine ! s'écrie alors le professeur. J'aperçois ses nageoires énormes ! Vois l'air et l'eau qu'elle chasse par ses évents ! »

En effet, deux colonnes liquides s'élèvent à une hauteur considérable au-dessus de la mer. Nous restons surpris, stupéfaits, épouvantés, en présence de ce troupeau de monstres marins.

▶ Plateau 5 : *Un hivernage dans les glaces* (1874)

Énigme 1 • C'était un marin d'une soixantaine d'années, mais encore vigoureux et solide, avec une bonne et honnête figure. [...] Après avoir longtemps commandé les navires d'un riche armateur du Havre, il se fixa dans sa ville natale, où il fit construire, pour son propre compte, le brick « La Jeune-Hardie ». [...] Jean Cornbutte en céda alors le commandement à son fils Louis, brave marin de trente ans, qui, au dire de tous les capitaines caboteurs, était bien le plus vaillant matelot de Dunkerque.

Énigme 4 • À peine achevait-il ces mots, qu'un craquement effroyable se fit entendre. La plaine de glace se brisa tout entière, et les matelots durent se cramponner au bloc qui oscillait auprès d'eux. En dépit des paroles du timonier, ils se trouvaient dans une position excessivement périlleuse, car un tremblement venait de se produire. Les glaçons venaient « de lever l'ancre », suivant l'expression des marins. Ce mouvement dura près de deux minutes, et il était à craindre qu'une crevasse ne s'ouvrît sous les pieds même des malheureux matelots ! Aussi attendirent-ils le jour au milieu de transes continuelles, car ils ne pouvaient, sous peine de périr, se hasarder à faire un pas, et ils demeurèrent étendus tout de leur long pour éviter d'être engloutis.

▶ Plateau 6 : *De la Terre à la Lune* (1865)

Énigme 1 • C'était un homme de quarante-deux ans, grand, mais un peu voûté déjà, comme ces cariatides qui portent des balcons sur leurs épaules. Sa tête forte, véritable hure de lion, secouait par instants une chevelure ardente qui lui faisait une véritable crinière. Une face courte, large aux tempes, agrémentée d'une moustache hérissée comme les barbes d'un chat et de petits bouquets de poils jaunâtres poussés en pleines joues, des yeux ronds un peu égarés, un regard de myope, complétaient cette physionomie éminemment féline.

Énigme 4 • La détonation de la Columbiad fut accompagnée d'un véritable tremblement de terre. La Floride se sentit secouée jusque dans ses entrailles. Les gaz de la poudre, dilatés par la chaleur, repoussèrent avec une incomparable violence les couches atmosphériques, et cet ouragan artificiel, cent fois plus rapide que l'ouragan des tempêtes, passa comme une trombe au milieu des airs.

(En)quêtes d'amour 4e

▶ PLATEAU 1 • Énigme 4 : Marie de France (1160-1210), « Le Lai des deux amants », adaptation de A. L. Durdan, 1907

« *Jadis advint en Normandie / L'aventure souvent ouïe, / De deux amants qui s'entr'aimèrent./ Ensemble d'amour expirèrent* [...]. » Un roi normand refuse de marier sa fille, qu'il souhaite garder auprès de lui. Pour décourager tous les prétendants, il leur impose, s'ils veulent l'épouser, de la porter jusqu'en haut du mont le plus élevé sans se reposer. Plusieurs prétendants tentent de gravir la montagne mais sont contraints de s'arrêter à mi-chemin, épuisés par le poids de la jeune fille dans leurs bras. Tous finissent par renoncer, sauf le fils d'un comte, amoureux de la fille du roi, qui l'aime en retour. La jeune fille envoie son amant vers une parente à elle ; cette dernière pourra fournir au jeune homme un breuvage qui lui donnera suffisamment de force pour gravir le Mont avec sa bien-aimée dans les bras.

« [La tante] *composa philtre fameux / Dont l'effet vraiment merveilleux / Devait transformer, rendre forts / Le sang, les veines, tout le corps ; / Lui conférer grande vertu / Aussitôt qu'il en aurait bu* [...]. » Le jeune homme revient, et commence à gravir le Mont avec dans ses bras la jeune fille, qui a jeûné plusieurs jours durant pour être la plus légère possible. Il part à grande allure, mais il est si pressé d'arriver en haut qu'il oublie de boire la potion qui lui donnerait de la force. La princesse le prie de s'arrêter pour boire, mais le jeune amant refuse ; il ne veut pas perdre une minute dans son ascension ! Il faiblit de plus en plus, et la jeune fille n'arrive pas à le raisonner. Le jeune garçon arrive finalement en haut du Mont avec sa bien-aimée dans les bras.

« *Arrivé sur le Mont tomba / Épuisé, point ne releva ! / Son cœur s'arrêta tout meurtri. / La Pucelle voit son ami / Tombé, le croit en pâmoison, / S'agenouille et pour guérison / Le breuvage veut lui donner. / Hélas, il ne peut plus parler. / Il mourut comme je vous dis, / Elle pleure et pousse des cris, / Jette à ses pieds, liqueur et vase. / Et folle de douleur l'écrase.* [...] / *Or ça, voyant, la Damoiselle, / Que son cher amant est perdu, / Son cœur de douleur éperdu / Près de lui, se couche et le prend / Entre ses bras, puis, doucement / L'appelle et baise sur la bouche ! / Son cœur se rompt ! douleur farouche ! / Ainsi mourut la gente, belle, / Aimante et sage jouvencelle !* »

▶ PLATEAU 2 • Énigme 3 : L'histoire de *Roméo et Juliette*

Vérone, en Italie. Alors que leurs familles respectives, les Montague et les Capulet, se détestent depuis toujours, Roméo et Juliette tombent fou amoureux l'un de l'autre lors d'un bal masqué, sans savoir qui ils sont. Une fois leur identité révélée, ils décident de s'unir en secret grâce à l'aide de Frère Laurence, qui espère que ce mariage permettra enfin à leurs familles de se réconcilier. Malheureusement, pour venger la mort de son meilleur ami Mercutio, Roméo tue Tybalt, le cousin de Juliette. Condamné à l'exil par le Prince, il lui faut fuir, après une dernière nuit avec sa bien-aimée. Voyant sa fille triste, le père de Juliette décide de la marier au plus vite. Désespérée, Juliette accourt chez le moine qui lui procure un poison permettant à son cœur de s'arrêter quelques heures, ce qui devait laisser à Roméo le temps de revenir et de révéler à tous la vérité sur leur amour. Cependant, Roméo ne reçoit jamais le fameux message l'avertissant de la supercherie. Croyant Juliette morte, il se tue sur son corps, peu de temps avant le réveil de sa bien-aimée. Elle saisit alors le poignard qu'il avait sur lui et se transperce le cœur, le rejoignant dans la mort.

▶ PLATEAU 3 • *Le Cid* (1637)

Énigme 3 • Stances de Rodrigue, acte I, scène 6

Percé jusques au fond du cœur
D'une atteinte imprévue aussi bien que mortelle,
Misérable vengeur d'une juste querelle,
Et malheureux objet d'une injuste rigueur,
Je demeure immobile, et mon âme abattue
Cède au coup qui me tue.
Si près de voir mon feu récompensé,
Ô Dieu, l'étrange peine !
En cet affront mon père est l'offensé,
Et l'offenseur le père de Chimène !

Que je sens de rudes combats !
Contre mon propre honneur mon amour s'intéresse :
Il faut venger un père, et perdre une maîtresse :
L'un m'anime le cœur, l'autre retient mon bras.
Réduit au triste choix ou de trahir ma flamme,
Ou de vivre en infâme,
Des deux côtés mon mal est infini.
Ô Dieu, l'étrange peine !
Faut-il laisser un affront impuni ?
Faut-il punir le père de Chimène ?

Énigme 4 • Des vers célèbres

Acte I scène 4

DON DIÈGUE
Ô rage ! Ô désespoir ! Ô vieillesse ennemie !
N'ai-je donc tant vécu que pour cette infamie ?
Et ne suis-je blanchi dans les travaux guerriers
Que pour voir en un jour flétrir tant de lauriers ?

Acte I scène 6

RODRIGUE
En cet affront mon père est l'offensé,
Et l'offenseur le père de Chimène !

Que je sens de rudes combats !
Contre mon propre honneur mon amour s'intéresse :
Il faut venger un père, et perdre une maîtresse [...]

Acte II scène 2

LE COMTE
J'admire ton courage, et je plains ta jeunesse.
Ne cherche point à faire un coup d'essai fatal ;
Dispense ma valeur d'un combat inégal ;
Trop peu d'honneur pour moi suivrait cette victoire :
À vaincre sans péril, on triomphe sans gloire.

Acte II scène 2

Je suis jeune, il est vrai, mais aux âmes bien nées
La valeur n'attend pas le nombre des années.

Acte III scène 4

RODRIGUE
Ton malheureux amant aura bien moins de peine
À mourir par ta main qu'à vivre avec ta haine.
CHIMÈNE
Va, je ne te hais point.
RODRIGUE
Tu le dois.
CHIMÈNE
Je ne puis.

Acte IV scène 3

RODRIGUE
Cette obscure clarté qui tombe des étoiles
Enfin avec le flux nous fait voir trente voiles ;
L'onde s'enfle dessous, et d'un commun effort
Les Mores et la mer montent jusques au port.

▶ PLATEAU 5 • Énigme 3 : *Paul et Virginie* (1789)

Quelquefois seul avec [Virginie], Paul lui disait au retour de ses travaux : « Lorsque je suis fatigué ta vue me délasse. Quand du haut de la montagne je t'aperçois au fond de ce vallon, tu me parais au milieu de nos vergers comme un bouton de rose. Si tu marches vers la maison de nos mères, la perdrix qui court vers ses petits a un corsage moins beau et une démarche moins légère. Quoique je te perde de vue à travers les arbres, je n'ai pas besoin de te voir pour te retrouver ; quelque chose de toi que je ne puis dire reste pour moi dans l'air où tu passes, sur l'herbe où tu t'assieds. Lorsque je t'approche, tu ravis tous mes sens. L'azur du ciel est moins beau que le bleu de tes yeux ; le chant des bengalis, moins doux que le son de ta voix. Si je te touche seulement du bout du doigt, tout mon corps frémit de plaisir. [...] Dis-moi par quel charme tu as pu m'enchanter ? Est-ce par ton esprit ? mais nos mères en ont plus que nous deux. Est-ce par tes caresses ? mais elles m'embrassent plus souvent que toi. Je crois que c'est par ta bonté. Je n'oublierai jamais que tu as marché nu-pieds jusqu'à la Rivière-noire pour demander la grâce d'une pauvre esclave fugitive. Tiens, ma bien-aimée, prends cette branche fleurie de citronnier que j'ai cueillie dans la forêt ; tu la mettras la nuit près de ton lit. Mange ce rayon de miel ; je l'ai pris pour toi au haut d'un rocher. Mais auparavant repose-toi sur mon sein, et je serai délassé ».

▶ PLATEAU 6 : *La Dame aux camélias* (1870)
Énigme 3 • L'incipit du roman

Mon avis est qu'on ne peut créer des personnages que lorsque l'on a beaucoup étudié les hommes, comme on ne peut parler une langue qu'à la condition de l'avoir sérieusement apprise.

N'ayant pas encore l'âge où l'on invente, je me contente de raconter.

J'engage donc le lecteur à être convaincu de la réalité de cette histoire dont tous les personnages, à l'exception de l'héroïne, vivent encore.

D'ailleurs, il y a à Paris des témoins de la plupart des faits que je recueille ici, et qui pourraient les confirmer, si mon témoignage ne suffisait pas. Par une circonstance particulière seul je pouvais les écrire, car seul j'ai été le confident des derniers détails sans lesquels il eût été impossible de faire un récit intéressant et complet.

Énigme 4 • Un résumé du roman

La Dame aux camélias est un roman d'Alexandre Dumas fils publié en 1848. On peut situer l'action un peu plus tôt, vers 1830, en plein dans l'époque romantique.

Le narrateur rapporte le récit que lui aurait fait le personnage, Armand Duval, de sa propre histoire. C'est ce qu'on appelle un récit enchâssé.

Armand est un jeune bourgeois romantique qui tombe amoureux de Marguerite Gautier, une demi-mondaine, une courtisane, une prostituée donc. Elle est appelée « La Dame aux camélias » car elle porte toujours dans son corsage un camélia (blanc quand elle est disponible, rouge quand elle ne l'est pas). Jeune et belle, elle mène une existence confortable à Paris, entretenue par des hommes riches. Armand Duval veut l'éloigner de cette vie : il l'installe à la campagne. Mais le père d'Armand exige qu'elle renonce à lui pour ne pas nuire à la réputation de sa famille. Pour Armand, elle accepte tout : de renoncer à la richesse, à la vie sociale... Elle renonce même à Armand et meurt, souffrant de la tuberculose. Le malentendu est là : alors qu'elle demeure vertueuse, Armand est convaincue qu'elle l'a trahi et qu'elle s'éloigne de lui car elle a un autre amant. Pour la punir, il cherche même à provoquer sa jalousie.

Mais Marguerite, malade, reste digne. Armand n'apprendra la vérité qu'à sa mort.

Crédits

Crédits iconographiques

<u>Couverture</u> : Alain Boyer, Alexandre Franc, Audrey Bussi.

<u>Escape game 6e : Une aventure d'Enfers ! (jeu 1)</u>

p. 16 : généalogie des dieux, dessins : Shutterstock/GoodStudio
Feuille de route 1 : *Orphée et Eurydice* © Bridgeman Images / UIG / Encyclopaedi Britannica
Feuille de route 2 : *Hydre avec Hercaclès Cerbère et Eurysthée* © Bridgeman Images / Giancarlo Costa
Feuille de route 3 : *Déméter* © Bridgeman Images / Granger
Feuille de route 4 : *Cupidon et Psyché Canova* © Aurimages / Gianni Dagli Orti
Feuille de route 5 : *Énée descend aux Enfers* © Kharbine-Tapabor / Jonas
Feuille de route 6 : *Pénélope*, par Khun-Régnier © Archives Nathan / D.R.
• <u>Éléments de décor</u> : **plateaux et feuilles de route 1 à 6** : tête de mort et os : AdobeStock, Pro_Art ; **plateaux 1 à 6** : parchemin : AdobeStock, PascalR ; **plateaux 2, 3 et 6 et Alphabet grec p. 15** : frise grecque : AdobeStock, Elena ; **Fiche Récap** : cartes : AdobeStock, Alis Photo ; **diplôme** : cachet de cire : AdobeStock, Andrey Kuzmin

<u>Escape game 5e : les mondes de Jules Verne (jeu 2)</u>

• <u>Élements de décor :</u> **plateau 1 et feuille de route 1** : sous-marin, XIXe s., Science Photo Library/akg-images ; photos AdobeStock : crevette et méduse : Vector Hut ; coffre-fort : Vikivector ; serrure, Piai.
Plateau et feuille de route 2 : photos AdobeStock, fonds : my_stock, coffre-fort : Vikivector ; serrure : Piai; locomotive : Shutterstock, Arthur Balitskii.
Plateau et feuille de route 3 : photos AdobeStock, fonds : my_stock et AKaiser ; coffre-fort : Vikivector ; serrure : Piai.
Plateau et feuille de route 4 : photos AdobeStock, fonds : my_stock ; Hein Nouwens ; Andrii Oliinyk ; coffre-fort, Vikivector ; serrure : Piai.
Plateau et feuille de route 5 : photos AdobeStock, fonds : my_stock ; arkadiwna ; channarongsds ; coffre-fort : Vikivector ; serrure : Piai ; navire : Shutterstock, Arthur Balitskii.
Plateau et feuille de route 6 : photos : AdobeStock, fonds : my_stock ; vladayoung ; Alexander Pokusay ; hodagmedia; coffre-fort: Vikivector ; serrure: Piai.
Feuilles de route 1 à 6 : cartes : AdobeStock, Alis Photo
• <u>Numérique :</u> **plateaux 1, 2, 4, et 6** : planches tirées du Nouveau Larousse illustré, XIXe s., © D. R. ; **plateau 3** : *La Faune éthiopienne*, photo12/Alamy/Glasshouse Images ; **plateau 5** : planche *Navires* : photo12/Alamy/The Reading Room.

<u>Escape game 4e : (En)quêtes d'amour (jeu 3)</u>

Plateau 1 à 6 et feuilles de route 1 à 6 : cadre Art Nouveau ©L ; Kramer
Plateau et feuille de route 1 : Blackrock Castel : AdobeStock/Patryk Kosmider ; Marie de France, miniature extraite du *Recueil d'anciennes poésies françaises*, XIIIe siècle. BnF, Paris : Bis/Ph. Coll. Archives Larbor ; *Tristan et Iseut*, Tristan buvant le philtre que lui tend iseut, miniature, BnF, Paris : Bis/Ph Coll. Archives Larbor ; animaux mythiques : AdobeStock/Elen Lane
Plateau et feuille de route 2 : Vérone, maison de Roméo et Juliette : Shutterstock/Sergii Figurnyi ; flacon de poison : AdobeStock/stynik ; mosaïque représentant des masques de théâtre, musée du Capitole, Rome : BIS/Ph. Gustavo Tomsich © Archives Bordas ; lierre : AdobeStock/Amberiza ; lierre : AdobeStock/Agneskantaruk
Plateau et feuille de route 3 : L'Alcazar à Séville : AdobeStock/Aleksandar Todorovic ; Corneille, *Le Cid*, distribution des acteurs, édition originale, BnF, paris : ©BNF ; statue du Cid, Burgos : AdobeStock/raulsagredo ; blason de Séville : Wikimedia/Erlenmeyer-D.R. ; ratures : AdobeStock/SergeyBitos
Plateau et feuille de route 4 : Dijon, hôtel de Vogüé : Shutterstock/Pierre Jean Durieu ; Madeleine de Scudéry, *Clélie*, La Carte de Tendre, 1654 – 1660, BnF, Paris : Bis/© Archives Nathan ; arbre en pot : AdobeStock/hcast ; abeilles : AdobeStock/Alekss ; fleurs : AdobeStock/Sozaiya
Plateau et feuille de route 5 : baie de tamarin, île Maurice : AdobeStock/tobago77 ; carambole : AdobeStock/sirikorn ; Jean Huber, *Le Dîner des philosophes*. 1772, Voltaire Foundation, Oxford : BIS/Ph. © Archives Nathan ; vanille : AdobeStock/Valentina R. ; citrons : AdobeStock/Marina Lohrbach ; coquillages et étoile de mer : AdobeStock/Aleksandr Simonov ; palmiers : AdobeStock/Alhontess ; feuilles : AdobeStock/Jacquelin ; carte de l'île Maurice : AdobeStock/Mannaggia
Plateau et feuille de route 6 : Chambre du château de Nohant, demeure de George Sand : Bridgeman images/© Paul Maeyaert. All rights reserved 2022 ; affiche des représentations du drame d'Alexandre Dumas avec Sarah Bernhardt, lithographie d'Alfons Mucha, 2 février 1852, bibliothèque de l'Opéra, Paris : BIS/Ph. Michel Didier © Archives Larbor ; médaillon représentant Marie Duplessis : Christophe L collection/The Granger Collection - Sarin Images ; bouquet de camélias : AdobeStock/hcast ; médaillon : AdobeStock amorphis
Diplôme : valise : AdobeStock/rimglow ; billet de train : AdobeStock/Olga ; étiquettes : AdobeStock/hanahal ; Venise : AdobeStock/Yulia ; Rose et Jack : AdobeStock/natali_mya ; cœur : AdobeStock /art_of_sun; fleurs: AdobeStock/ natali_mya et Myasnikova Natali

Crédits vidéo

• **Jeu Enfer 6e Plateau 5** « Énée – En quête de son père » : extrait de *L'Énéide*, série télévisée de Franco Rossi, adaptation de *L'Énéide* Virgile, date de diffusion 28/01/1975, 4e épisode. Avec Giulio Brogi (Énée). Production : **Office national de radiodiffusion télévision française (ORTF), 1974 ; Radio Audizioni Italia (RAI), 1974.** © Rai Teche Material licensed by Rai Com S.p.A.
• **Jeu Enfer 6e Plateau 6** « Ulysse – Le mal du pays » : extrait de l'*Odyssée*, série télévisée de Franco Rossi, adaptation de l'*Odyssée* d'Homère, date de diffusion 20/03/1970, 5e épisode. Avec Bekin Fehmiu (Ulysse, voix française René Roussel). Production : **Bavaria (BAVA), 1970 ; Office national de radiodiffusion télévision française (ORTF), 1970 ; Radio Audizioni Italia (RAI), 1970.** © Rai Teche Material licensed by Rai Com S.p.A.
• **Jeu Amour 4e Plateau 4** « Cyrano » : Jean Rochefort, **LES BOLOSS des belles lettres : Cyrano de Bergerac, © MagnetoProd**

Édition : 6e : Aude Zweifel-Alric, **5e** : Valérie Antoni ; **4e** : Claire Beilin-Bourgeois – **Édition numérique** : Marie Pouget – **Conception graphique (couverture et kit pédagogique)** : Élise Launay – **Mise en page : feuilles de route** : Thomas Winock ; **fiches Mise en commun, Récap et Diplôme** : Élise Launay – **Illustrations : 6e** : Alain Boyer ; **5e** : Alexandre Franc ; **4e** : Audrey Bussi – **Iconographie : 6e et 4e** : Laure Penchenat ; **5e** : Juliette Barjon – **Textes audio lus par** : Marie Pouget, Marin Alric, Grégoire Guerrier, Eoin Mollehebi, Maëlle Pujol – **Fabrication** : Kevin Magar – **Photogravure** : Irilys – **Teasers des 3 jeux + vidéo de victoire « Une aventure d'Enfers ! » (iconographie, montage, motion design)** : Angèle Domenech

(En)quêtes d'amour

Et si le français devenait un jeu ?

Les mondes de Jules Verne

ESCAPE GAMES

FRANÇAIS

6e 5e 4e

Une aventure d'Enfers !

Fiches photocopiables

4 À LA RECHERCHE DE L'OBJET MYSTÉRIEUX

Écoutez l'audio et complétez le texte ci-dessous. Vous trouverez alors l'objet dont vous aurez besoin pour retrouver votre camarade.

J'ai perdu mon Eurydice
Rien n'égale mon _ _ _ _ _ _ _
Sort cruel ! quelle rigueur !
Rien n'égale mon malheur !
Je succombe à ma douleur !
_ _ _ _ _ _ _ _ !
_ _ _ _ _ _ _ , quel supplice !
Réponds-moi !
C'est ton époux, ton époux fidèle
_ _ _ _ _ _ _ ma voix qui t'appelle.

Extrait du livret de l'opéra *Orphée et Eurydice*, C. W. Gluck, 1762.

Objet : ....

5 BILAN

Résumez l'histoire d'Orphée en utilisant les mots que vous avez trouvés à l'étape 3B.

....
....
....
....
....
....
....
....

ORPHÉE
Pour l'amour d'Eurydice

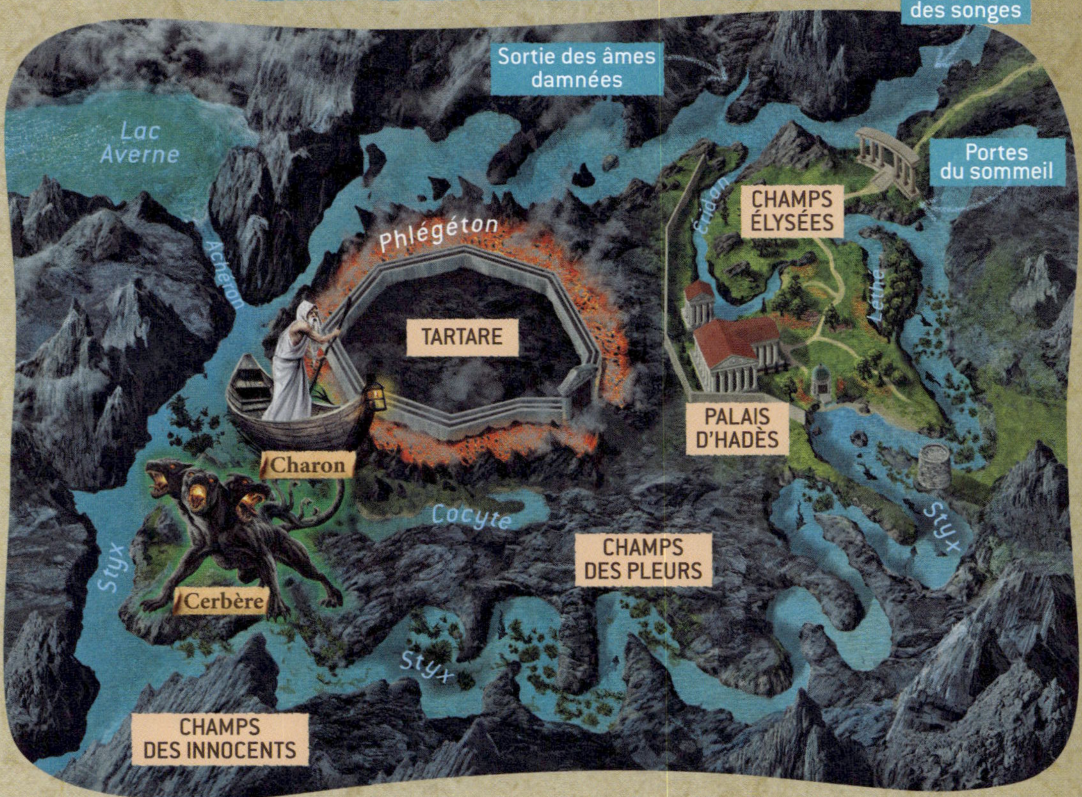

Votre mission

Vous avez pénétré dans les Enfers. Découvrez l'histoire d'Orphée, un héros qui est parvenu à en sortir, et trouvez l'objet qui vous permettra de retrouver votre camarade…

1 LE MALHEUR D'EURYDICE

Dans quel lieu des Enfers vous trouvez-vous ?
Le nom vous est donné en grec sur le plateau de jeu. Scannez ce mot.

2 LA PRIÈRE D'ORPHÉE

A. Vous pouvez écouter la version audio du texte en latin. Lisez sa traduction sur le plateau de jeu.

B. Lisez les définitions et complétez la grille avec des mots latins tirés du texte.

Talia dicentem nervosque ad verba moventem
Exsangues flebant animae ; nec Tantalus undam
Captavit refugam, stupuitque Ixionis orbis ;
Nec carpsere jecur volucres ; urnisque vacarunt
Belides, inque tuo sedisti, Sisyphe, saxo.
Tunc primum lacrimis victarum carmine fama est
Eumenidum maduisse genas. Nec regia conjunx
Sustinet oranti nec, qui regit ima, negare ;
Eurydicenque vocant : umbras erat illa recentes
Inter, et incessit passu de vulnere tardo.
Hanc simul et legem Rhodopeius accipit heros,
Ne flectat retro sua lumina, donec Avernas
Exierit valles ; aut inrita dona futura.

Ovide, *Métamorphoses*, v.40-52.

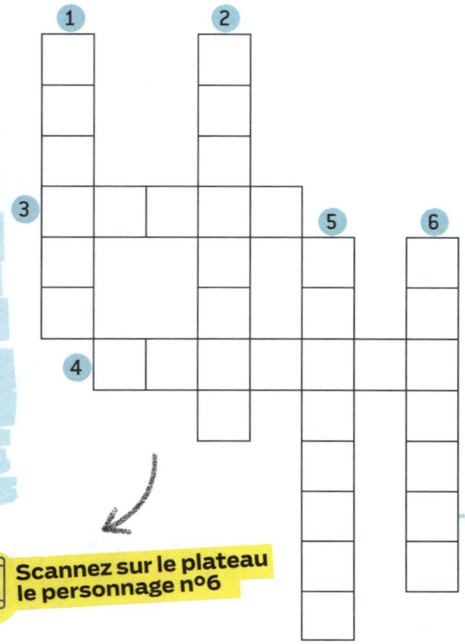

Nathan live!
Scannez sur le plateau le personnage n°6

3 UNE FIN TRAGIQUE

A. Vous connaissez maintenant le mythe dans sa totalité. Dites si les affirmations suivantes sont vraies ou fausses puis reconstituez la première partie du code.

		VRAI	FAUX
1	Eurydice est morte juste avant de se marier avec Orphée. (*parchemin*)	☐ 5	☐
2	C'est par son chant qu'Orphée parvient à émouvoir tous ceux qui se trouvent aux Enfers. (*Ovide*)	☐ 20	☐
3	Les « suppliciés » sont appelés ainsi parce qu'ils supplient Hadès et Perséphone d'écouter la demande d'Orphée. (*Ovide*)	☐ 35	☐
4	Eurydice meurt une seconde fois lorsque, inquiet et amoureux, Orphée ne peut s'empêcher de se retourner vers elle. (*audio*)	☐ 105	☐
5	Le « chien infernal » aux « trois cous » désigne Cerbère et le « nocher » désigne Charon qui fait traverser le fleuve Styx sur sa barque. (*audio*)	☐ 55	☐
6	Orphée obtient finalement d'Hadès de pouvoir rester aux Enfers avec Eurydice, pour l'éternité. (*audio*)	☐ 10	☐

Additionnez les réponses vraies → ....

\+

B. Qui suis-je ? Répondez aux questions suivantes pour trouver la seconde partie du code.

Je suis un nom commun féminin pluriel, issu du latin. Je désigne souvent un espace sombre mais, ici, je suis synonyme de "spectres", "âmes errantes".
JE SUIS LE MOT : ______

Je suis un participe passé, employé comme nom commun pour désigner ceux qui, aux Enfers, sont condamnés à une torture éternelle.
JE SUIS LE MOT : ______

Je suis un adjectif issu du latin *sanguis* (le sang) et du préfixe *ex* (hors de). Je suis un synonyme de "blafard", "blême" ou encore "livide".
JE SUIS LE MOT : ______

Je suis un nom commun masculin de la même famille que "chanteur". Ma voix est employée spécifiquement pour un service religieux.
JE SUIS LE MOT : ______

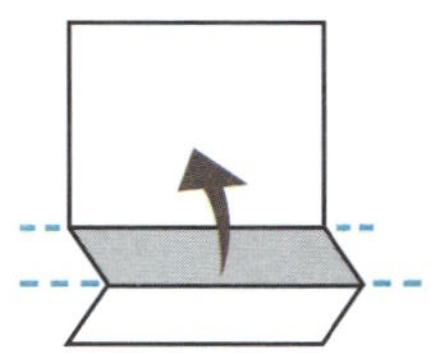

Combien de fois comptez-vous la lettre « E » dans les mots que vous avez trouvés ? → ....

= ....

Nathan live!

HÉRACLÈS
Face au monstre

Votre mission

Vous avez pénétré dans les Enfers. Découvrez l'histoire d'Heraclès, un héros qui est parvenu à en sortir, et trouvez l'objet qui vous permettra de retrouver votre camarade.

1 LES DOUZE TRAVAUX

Auprès de quel monstre des Enfers vous trouvez-vous ? Le nom vous est donné en grec sur le plateau de jeu. Scannez ce mot.

4 À LA RECHERCHE DE L'OBJET MYSTÉRIEUX

Regardez la vidéo et complétez le texte ci-dessous. Vous trouverez alors l'objet dont vous aurez besoin pour retrouver votre camarade.

Cerbère est un _ _ _ _ _ _ à trois têtes qui a pour rôle d'empêcher les morts de s'_ _ _ _ _ _ _ _ _ des Enfers et les vivants d'y entrer. Il est enchaîné à l'entrée des Enfers et terrorise les morts qui doivent l'_ _ _ _ _ _ _ _ en lui apportant le gâteau de _ _ _ _ qu'on a placé dans leur tombe. Certains mortels ont cependant réussi à tromper Cerbère. Ainsi Psyché a utilisé un gâteau trempé dans un _ _ _ drogué. La figure de Cerbère est devenue très _ _ _ _ _ _ _ _ _ _ _, comme par exemple dans *Harry Potter*.

Objet : ....

5 BILAN

Résumez ce que vous avez appris sur Héraclès en utilisant les mots que vous avez trouvés à l'étape 3B.

....
....
....
....
....

2 LA DESCENTE AUX ENFERS

A. Vous pouvez écoutez la version audio du texte en grec. Lisez sa traduction sur le plateau de jeu.

B. Pour compléter la grille de mot croisés : utilisez votre alphabet grec et remplissez la grille en écrivant dans notre alphabet les mots soulignés dans le texte en grec.

Exemple : Ἀθήνας → Athènas

[XXV] τετελεκὼς τὸν δέκατον ἆθλον, ἔλαβε πρόσταγμα παρ᾽ Εὐρυσθέως τὸν ἐξ ᾅδου Κέρβερον πρὸς τὸ φῶς ἀγαγεῖν. Πρὸς δὲ τοῦτον τὸν ἆθλον ὑπολαβὼν συνοίσειν αὐτῷ, παρῆλθεν εἰς τὰς Ἀθήνας καὶ μετέσχε τῶν ἐν Ἐλευσῖνι μυστηρίων. [...]
[XXVI] Οὗτος γὰρ κατὰ τοὺς παραδεδομένους μύθους καταβὰς εἰς τοὺς καθ᾽ ᾅδου τόπους, καὶ προσδεχθεὶς ὑπὸ τῆς Περσεφόνης ὡς ἂν ἀδελφός, Θησέα μὲν ἀνήγαγεν ἐκ δεσμῶν μετὰ Πειρίθου.

Diodore de Sicile, *Histoire universelle*, Livre IV, Ier s. ap. J.-C.

Scannez sur le plateau celle qui a accueilli Héraclès comme un frère.

3 CERBÈRE DOMPTÉ

A. Vous connaissez maintenant le mythe dans sa totalité. Dites si les affirmations suivantes sont vraies ou fausses puis reconstituez la première partie du code.

		VRAI	FAUX
1	La capture de Cerbère est la cinquième tâche d'Héraclès *(parchemin)*	☐ 5	☐
2	Cerbère est un monstre à trois têtes et son dos est couvert de serpents qui crachent du venin. *(plateau)*	☐ 12	☐
3	Héraclès trouve ce travail glorieux. *(Diodore)*	☐ 56	☐
4	Perséphone interdit à Héraclès de délivrer Thésée et Pirithoos. *(Diodore)*	☐ 31	☐
5	Héraclès n'a pas assez de poigne pour maitriser Cerbère. *(audio)*	☐ 43	☐
6	Pour impressionner Eurysthée, Héraclès demande à Cerbère de cracher son haleine sur la ville de Tyrinthe. *(audio)*	☐ 38	☐

Additionnez les réponses vraies → ....

+

B. Qui suis-je ? Répondez aux questions suivantes pour trouver la seconde partie du code.

Je suis un nom commun masculin pluriel issu du grec *mustêrion*. Je désigne des rites religieux secrets.
JE SUIS LE MOT : __________

Je suis un nom commun féminin issu du grec *antron*. Je suis un synonyme du mot « caverne ».
JE SUIS LE MOT : __________

Je suis un nom commun féminin issu du latin *pugnus*. Je désigne la force de la main mais aussi, au sens figuré, l'énergie, la fermeté.
JE SUIS LE MOT : __________

Je suis un nom commun masculin. Je désigne celui qui garde la porte d'entrée dans un lieu, et c'est le rôle de Cerbère dans les Enfers.
JE SUIS LE MOT : __________

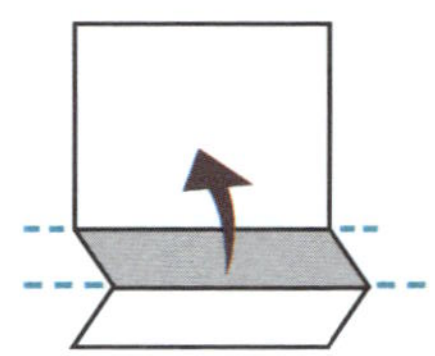

Combien de fois comptez-vous la lettre « E » dans les mots que vous avez trouvés ? → ....

= ....

PERSÉPHONE
Entre deux mondes

Votre mission

Vous avez pénétré dans les Enfers. Découvrez l'histoire de Perséphone, une jeune femme enlevée par le roi des Enfers en personne, et trouvez l'objet qui vous permettra de retrouver votre camarade.

1 L'APPARITION D'HADÈS

Chez quel personnage des Enfers vous trouvez-vous ?
Le nom vous est donné en grec sur le plateau de jeu.
Scannez ce mot.

4 À LA RECHERCHE DE L'OBJET MYSTÉRIEUX

Regardez la vidéo et complétez le texte ci-dessous.
Vous trouverez alors l'objet dont vous aurez besoin pour retrouver votre camarade.

Dès que Déméter retrouve Perséphone, elle laisse éclater sa joie : elle fait aussitôt ________ les champs et recouvre les arbres de fleurs et de ________.
Mais Déméter révèle aussi à sa fille la règle que celle-ci ________ : elle n'aurait rien dû manger aux Enfers...
Perséphone devra désormais passer sous Terre ________ mois de l'année auprès de son époux Hadès. Elle vivra ainsi entre deux mondes et retrouvera sa mère à chaque ________.

Objet : ....

5 BILAN

Résumez ce que vous avez appris sur Perséphone en utilisant les mots que vous avez trouvés à l'étape 3B.

....
....
....
....
....
....

2 VICTIME ET REINE

A. Vous pouvez écoutez la version audio du texte en grec. Lisez sa traduction sur le plateau de jeu.

B. Pour compléter la grille de mot croisés : utilisez votre alphabet grec et remplissez la grille en écrivant dans notre alphabet les mots soulignés dans le texte en grec.

Exemple : Ἀθήνας → Athènas

Ἁρπάξας δ' ἀέκουσαν ἐπὶ χρυσέοισιν ὄχοισιν
ἦγ' ὀλοφυρομένην, ἰάχησε δ' ἄρ' ὄρθια <u>φωνῇ</u>
κεκλομένη <u>πατέρα</u> Κρονίδην ὕπατον καὶ ἄριστον.
Οὐδέ τις ἀθανάτων οὐδὲ θνητῶν <u>ἀνθρώπων</u>
ἤκουσεν φωνῆς [...]
Ἤρχεω, Περσεφόνη, παρὰ μητέρα κυνόπεπλον,
ἤπιον ἐν στήθεσσι μένος καὶ θυμὸν ἔχουσα,
μηδέ τι δυσθύμαινε λίην περιώσιον ἄλλως.
Οὔ τοι ἐν ἀθανάτοισιν ἀεικὴς ἔσσομ'ἀκοίτης,
αὐτοκασίγνητος πατρὸς Διός· ἔνθα δ'ἐοῦσα
δεσπόσσεις πάνθων, ὁπόσα ζώει τε καὶ ἕρπει,
τιμὰς δὲ σχήσεισθα μετ'ἀθανάτοισι μεγίστας.
Τῶν δ'ἀδικησάντων τίσις ἔσσεται ἤατα παντα,
οἵ κεν μὴ θυσίαισι τεὸν μένος ἱλάσκωνται
εὐαγέως ἔρδοντες, ἐναίσιμα δῶρα τελοῦντες.

Homère, *Hymnes*, 33, « À Déméter » VIIIe s. av. J.-C.

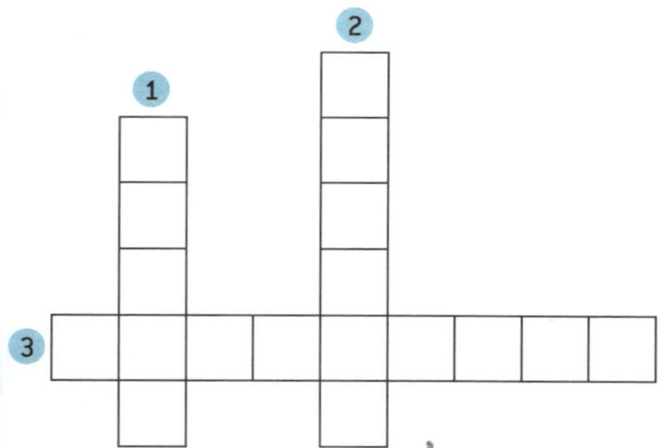

Scannez sur le plateau ce qui reste du n° 3 après sa mort.

3 LE PIÈGE TENDU PAR HADÈS

A. Vous connaissez maintenant le mythe dans sa totalité. Dites si les affirmations suivantes sont vraies ou fausses puis reconstituez la première partie du code.

		VRAI	FAUX
1	Au début du mythe, Perséphone cueille des fleurs avec sa mère Déméter. (*parchemin*)	☐ 5	☐
2	La terre s'ouvre sur Hadès au moment où Perséphone cueille une fleur de narcisse. (*parchemin*)	☐ 20	☐
3	Perséphone a choisi de passer du temps aux Enfers pour profiter de la compagnie de son oncle Hadès. (*Homère*)	☐ 35	☐
4	Sans sa fille, Déméter est trop triste pour jouer son rôle de déesse des moissons : les mortels ne peuvent plus se nourrir. (*Homère*)	☐ 105	☐
5	Hadès est très désagréable avec Perséphone dans son palais, il la traite comme les suppliciés prisonniers des Enfers. (*Homère*)	☐ 55	☐
6	Hermès semble accomplir sa mission rapidement et sans rencontrer d'obstacle : Hadès laisse partir Perséphone sans discuter. (*audio*)	☐ 55	☐

Additionnez les réponses vraies .... +

B. Qui suis-je ? Répondez aux questions suivantes pour trouver la seconde partie du code.

Je suis un nom commun féminin, venu du grec, qui désigne une divinité féminine de la nature, d'un rang inférieur à celui des déesses. Je peux être naïade, dryade, sylphide ou océanide selon l'endroit où je vis.
JE SUIS LE MOT : ________

Je suis un nom commun masculin pluriel formé avec un préfixe négatif. Je désigne ceux qui sont éternels, notamment les dieux dans la mythologie.
JE SUIS LE MOT : ________

Je suis un nom commun féminin qui désigne les graines que l'on enfouit dans la terre. Je suis de la même famille que les mots « semer », « semailles ».
JE SUIS LE MOT : ________

Je suis une fleur sauvage à bulbe, appelée aussi « jonquille ». Dans la mythologie, je suis le nom d'un homme à la beauté exceptionnelle qui tombe amoureux de son propre reflet dans l'eau.
JE SUIS LE MOT : ________

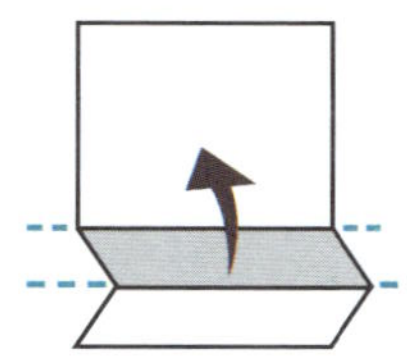

.... ← Combien de fois comptez-vous la lettre « E » dans les mots que vous avez trouvés ?

= ....

4 À LA RECHERCHE DE L'OBJET MYSTÉRIEUX

Écoutez l'audio et complétez le texte ci-dessous.
Vous trouverez alors l'objet dont vous aurez besoin pour retrouver votre camarade.

JUPITER. – Vénus veut-elle résister ?
N'a-t-elle point assez écouté sa _ _ _ _ _ _,
Et l'Amour qui languit ne peut-il se flatter
Que ses maux toucheront sa Mère ?
VENUS. – Quoi, je souffrirais qu'à mon Fils
Une simple Mortelle aspire ?
JUPITER. – Si tu ne m'en veux point dédire,
Il n'est rien pour Psyché qui ne me soit permis.
Seule aux yeux de l'Amour elle est aimable et _ _ _ _ _,
Pour l'égaler à lui, je la fais _ _ _ _ _ _ _ _ _ _ _.
VENUS. – Puisque d'une Immortelle il doit être
_ _ _ _ _ _ _ _, _ _ _ _ _ _ _ _ _ a parlé, je n'ai plus
de courroux.

Objet : ....

5 BILAN

Résumez ce que vous avez appris sur Psyché en utilisant les mots que vous avez trouvés à l'étape 3B.

....

....

....

....

....

....

PSYCHÉ
Vers l'immortalité

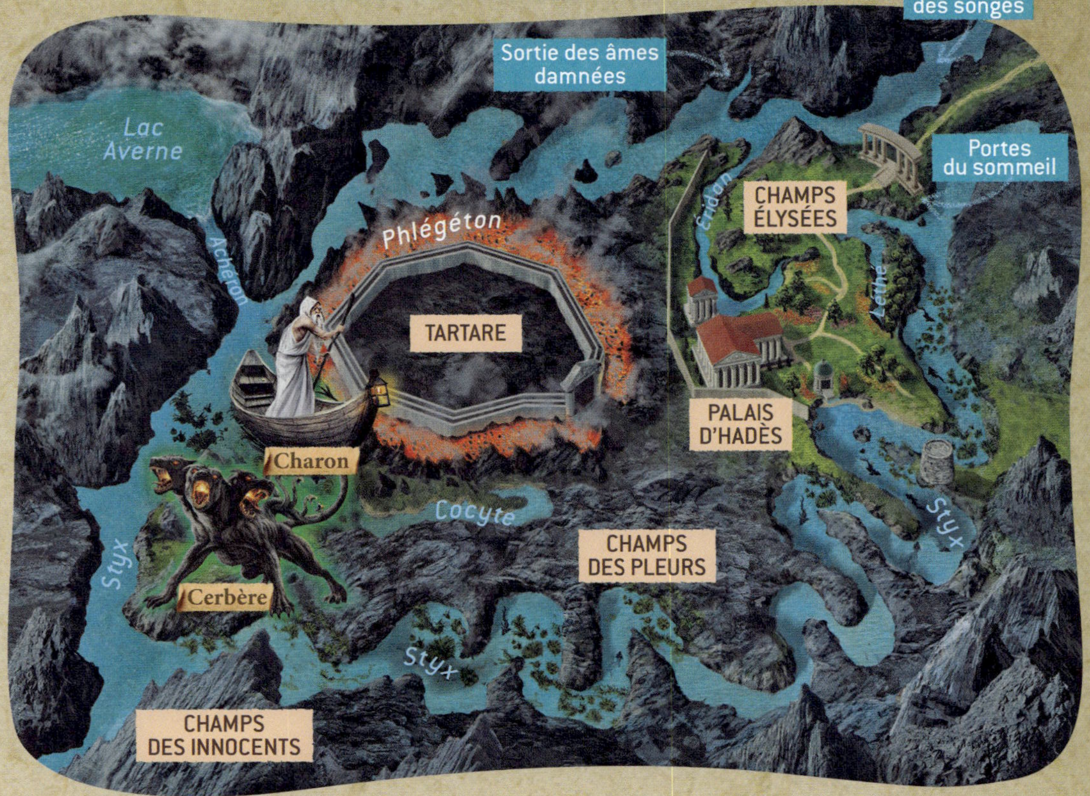

Votre mission

Vous avez pénétré dans les Enfers. Découvrez l'histoire de Psyché, une héroïne qui est parvenue à y accomplir sa mission, et trouvez l'objet qui vous permettra de retrouver votre camarade.

1 LES ÉPREUVES DE PSYCHÉ

Auprès de quel personnage des Enfers vous trouvez-vous ?
Le nom vous est donné en grec sur le plateau de jeu.
Scannez ce mot.

2 LA TRAVERSÉE DU STYX

A. Vous pouvez écouter la version audio du texte en latin. Lisez sa traduction sur le plateau de jeu.

B. Lisez les définitions et complétez la grille avec des mots latins tirés du texte.

Nec mora, cum ad flumen mortuum venies, cui praefectus Charon protenus expetens portorium sic ad ripam ulteriorem sutili cumba deducit commeantes. Ergo et inter mortuos avaritia vivit nec Charon ille Ditis exactor tantus deus quicquam gratuito facit : set moriens pauper viaticum debet quaerere, et aes si forte prae manu non fuerit, nemo eum exspirare patietur. Huic squalido seni dabis nauli nomine de stipibus quas feres alteram, sic tamen ut ipse sua manu de tuo sumat ore.

Apulée, *Les Métamorphoses*
Livre VI, XVIII, 5, 6 et 7, Ier s.

Le n°3 est son défaut. Scannez ce personnage sur le plateau.

3 LA CURIOSITÉ DE PSYCHÉ

A. Vous connaissez maintenant le mythe dans sa totalité. Dites si les affirmations suivantes sont vraies ou fausses puis reconstituez la première partie du code.

		VRAI	FAUX
1	Vénus a employé son pouvoir de déesse de l'amour pour que son fils Cupidon tombe amoureux de Psyché. (*parchemin*)	☐ 5	☐
2	L'épreuve à laquelle Vénus soumet Psyché consiste à pénétrer dans les Enfers pour aller y chercher quelque chose. (*parchemin*)	☐ 20	☐
3	Dans une bourse en cuir, Psyché doit rapporter à Vénus des pièces normalement destinées au nocher Charon. (*Apulée*)	☐ 35	☐
4	C'est une tour des Enfers, dotée de la parole, qui explique à Psyché comment traverser le Styx et comment réussir sa quête. (*Apulée*)	☐ 105	☐
5	Psyché n'a pas écouté tous les conseils donnés pour sa quête et fait preuve d'une trop grande curiosité. (*audio*)	☐ 55	☐
6	Cupidon est déçu par Psyché et la laisse dormir aux Enfers pour l'éternité. Il reste auprès de sa mère Vénus. (*audio*)	☐ 55	☐

Additionnez les réponses vraies ....

➕

B. Qui suis-je ? Répondez aux questions suivantes pour trouver la seconde partie du code.

Je suis un nom synonyme de « nautonier » et j'appartiens à sa famille comme les mots « navire » ou « navigation » même si le temps a transformé mon « au » d'origine en « o ».
JE SUIS LE MOT : ________

Je suis un nom masculin de la même famille que le verbe « percevoir ». Je désigne une personne dont le rôle est de collecter un impôt ou un paiement.
JE SUIS LE MOT : ________

Je suis un nom féminin issu de l'ancien français *casse* désignant une caisse ou un *coffre*. Mon suffixe est un diminutif car je désigne un coffret, une boîte.
JE SUIS LE MOT : ________

Je suis un nom masculin issu du latin *via* signifiant « la route », le chemin. Je désigne les provisions, l'argent pour un voyage, avec parfois un sens religieux de communion donnée à un mourant (pour son voyage vers la mort).
JE SUIS LE MOT : ________

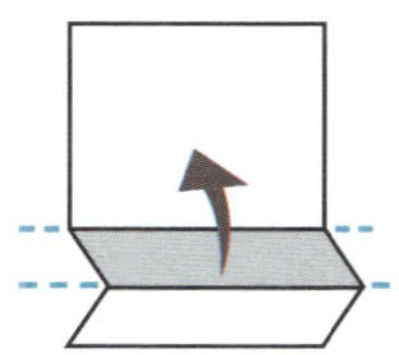

Combien de fois comptez-vous la lettre « E » dans les mots que vous avez trouvés ? ....

= ....

ÉNÉE

En quête de son père

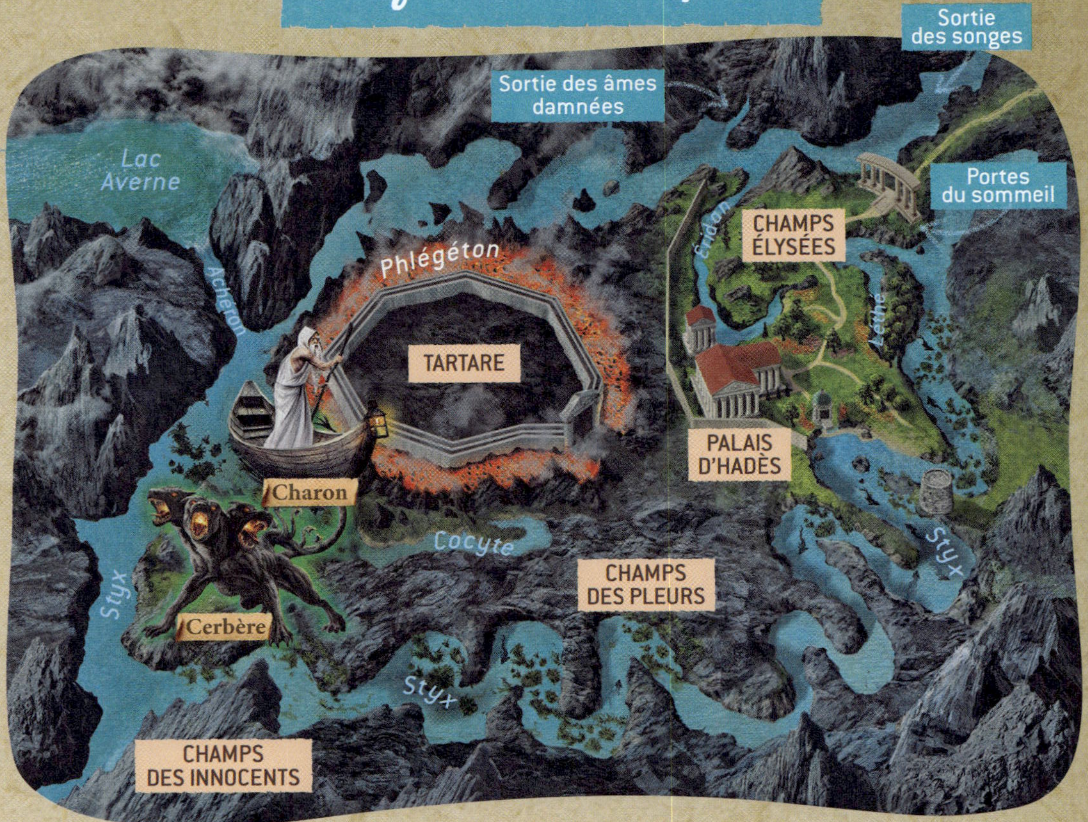

Votre mission

Vous avez pénétré dans les Enfers. Découvrez l'histoire d'Énée, un héros qui est parvenu à en sortir, et trouvez l'objet qui vous permettra de retrouver votre camarade.

1 LA MISSION D'ÉNÉE

Dans quel lieu des Enfers vous trouvez-vous ?
Le nom vous est donné en grec sur le plateau de jeu. Scannez ce mot.

Nathan live!

4 À LA RECHERCHE DE L'OBJET MYSTÉRIEUX

Regardez la vidéo et complétez le texte ci-dessous. Vous trouverez alors l'objet dont vous aurez besoin pour retrouver votre camarade.

Énée, maintenant, je te le dis, ta _ _ _ _ [ ] _ était juste.
C'est moi, vieillard, qui me _ _ _ _ _ _ [ ] _ _ .
Les dieux de Troie persécutée ne veulent pas de ma violente justice. Ils préfèrent ta prudence.
Tu dois reprendre la [ ] _ _ . Tu es fatigué, je le sais mais le cours de ta _ _ [ ] ne t'appartient pas. Voilà ce que j'avais à te dire, moi ton père. [ ] _ _ _ _ maintenant, la nuit humide s'achève.
Les _ _ _ _ _ [ ] _ haletants du soleil me repoussent au loin.

Objet : [ ] [ ] [ ] [ ] [ ] [ ]

Nathan live!

5 BILAN

Résumez ce que vous avez appris sur Énée en utilisant les mots que vous avez trouvés à l'étape 3B.

....

....

....

....

....

....

....

2 ÉNÉE GUIDÉ PAR LA SIBYLLE

A. Vous pouvez écouter la version audio du texte en latin. Lisez sa traduction sur le plateau de jeu.

B. Lisez les définitions et complétez la grille avec des mots latins tirés du texte.

635 Occupat Aeneas aditum, corpusque recenti
spargit aqua, ramumque adverso in limine figit.
His demum exactis, perfecto munere divae,
devenere locos laetos et amoena virecta
fortunatorum nemorum sedesque beatas.
Largior hic campos aether et lumine vestit
640 purpureo, solemque suum, sua sidera norunt. [...]
651 Arma procul currusque virum miratur inanes.[...]
660 Hic manus ob patriam pugnando volnera passi,
quique sacerdotes casti, dum vita manebat,
quique pii vates et Phoebo digna locuti,
inventas aut qui vitam excoluere per artes,
quique sui memores alios fecere merendo,
665 omnibus his nivea cinguntur tempora vitta.

Virgile, *L'Énéide*, Livre VI, v. 635-665 (avec coupes), Ier s. av. J.-C.

Scannez le bandeau couleur de neige sur le plateau.

3 LES RETROUVAILLES

A. Vous connaissez maintenant le mythe dans sa totalité. Dites si les affirmations suivantes sont vraies ou fausses puis reconstituez la première partie du code.

		VRAI	FAUX
1	Énée est originaire de Rome. (*parchemin*)	☐ 78	☐
2	Il doit se rendre aux Enfers pour rencontrer Pluton. (*parchemin*)	☐ 3	☐
3	Il reçoit l'aide d'une prêtresse d'Apollon. (*parchemin*)	☐ 52	☐
4	La prêtresse lui confie un rameau dont il doit faire cadeau à la déesse des Enfers. (*Virgile*)	☐ 22	☐
5	Énée retrouve son père Anchise. (*audio*)	☐ 67	☐
6	Il donne la main à son père pour le faire sortir des Enfers. (*audio*)	☐ 87	☐

Additionnez les réponses vraies ....

B. Qui suis-je ? Répondez aux questions suivantes pour trouver la seconde partie du code.

Je suis un prénom français issu du grec *sibylla*. Je désignais dans l'Antiquité les femmes qui étaient réputées avoir reçu d'Apollon le don de prophétie.
JE SUIS LE MOT : _ _ _ _ _ _ _

Je suis un nom commun féminin issu du latin *anima* « souffle, vie ». Je désigne un être qui peuple les Enfers.
JE SUIS LE MOT : _ _ _

Je suis un nom propre désignant une célèbre avenue de Paris et dont le nom s'inspire du lieu des Enfers dans lequel vous vous trouvez.
JE SUIS LE MOT : _ _ _ _ _ _ _ _ _ _ _ _ _ _

Je suis un nom commun féminin, issu du latin *pietas* et je désigne l'attachement fervent à une religion ou à une personne, fait de tendresse et de respect.
JE SUIS LE MOT : _ _ _ _ _

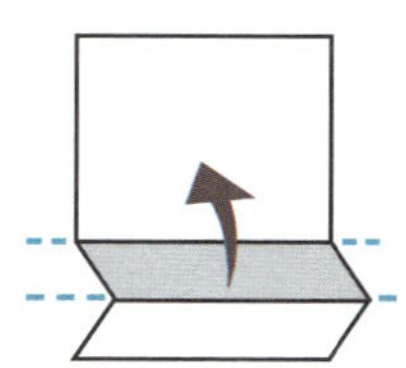

Combien de fois comptez-vous la lettre « E » dans les mots que vous avez trouvés ? ....

+ .... = ...

ULYSSE

Le mal du pays

Votre mission

Vous avez pénétré dans les Enfers. Découvrez l'histoire d'Ulysse, un héros qui est parvenu à y accomplir sa mission, et trouvez l'objet qui vous permettra de retrouver votre camarade.

1 LE PÉRIPLE D'ULYSSE

Auprès de quelle rivière des Enfers vous trouvez-vous ?
Le nom vous est donné en grec sur le plateau.
Scannez ce mot.

4 À LA RECHERCHE DE L'OBJET MYSTÉRIEUX

Regardez la vidéo et complétez le texte ci-dessous. Vous trouverez alors l'objet dont vous aurez besoin pour retrouver votre camarade.

ULYSSE. - Combien d'autres malheurs devrai-je supporter ? Dis-moi une chose, Tirésias, verrai-je une fois encore Ithaque la douce ? Reverrai-je mon _ _ _ ?

TIRÉSIAS. - Oui, tu y retourneras, mais après avoir dû supporter nombre d'_ _ _ _ _ _ _ _ _ _.
En bien des lieux tu te rendras et d'autres dangers te menaceront. Tu navigueras sur un vaisseau que l'on t'aura donné. Tu feras _ _ _ _ _ _ _ _ _ _ et tu perdras tes compagnons. Dans ta propre maison, tu trouveras des hommes pleins de morgue qui, des années durant, auront offensé _ _ _ _ _ _ _ _ _.

Objet : ....

5 BILAN

Résumez ce que vous avez appris sur Ulysse en utilisant les mots que vous avez trouvés à l'étape 3B.

2 LES CONSEILS DE CIRCÉ

A. Vous pouvez écoutez la version audio du texte en grec. Lisez sa traduction sur le plateau de jeu.

B. Pour compléter la grille de mot croisés : utilisez votre alphabet grec et remplissez la grille en écrivant dans notre alphabet les mots soulignés dans le texte en grec.

Exemple : Ἀθήνας ⟶ Athènas

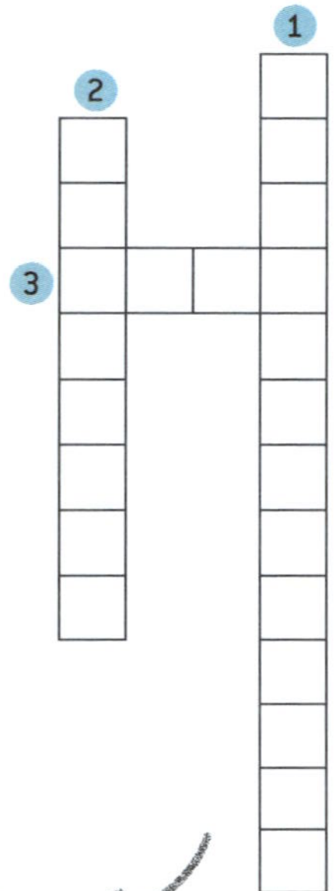

507 Ἀλλ' ὁπότ' ἂν δὴ νηὶ δι' Ὠκεανοῖο περήσῃς,
ἔνθ' ἀκτή τε λάχεια καὶ ἄλσεα Περσεφονείης,
μακραί τ' αἴγειροι καὶ ἰτέαι ὠλεσίκαρποι [...]
515 ἔνθα δ' ἔπειθ', ἥρως, χριμφθεὶς πέλας, ὥς σε κελεύω,
βόθρον ὀρύξαι, ὅσον τε πυγούσιον ἔνθα καὶ ἔνθα,
ἀμφ' αὐτῷ δὲ χοὴν χεῖσθαι πᾶσιν νεκύεσσιν [...]
520 Πολλὰ δὲ γουνοῦσθαι νεκύων ἀμενηνὰ κάρηνα [...]
528 ἔνθα δὲ πολλαὶ
530 ψυχαὶ ἐλεύσονται νεκύων κατατεθνηώτων.
Δὴ τότ' ἔπειθ' ἑτάροισιν ἐποτρῦναι καὶ ἀνῶξαι
μῆλα, τὰ δὴ κατάκειτ' ἐσφαγμένα νηλέι χαλκῷ,
δείραντας κατακῆαι, ἐπεύξασθαι δὲ θεοῖσιν,
ἰφθίμῳ τ' Ἀίδῃ καὶ ἐπαινῇ Περσεφονείῃ·
αὐτὸς δὲ ξίφος ὀξὺ ἐρυσσάμενος παρὰ μηροῦ
535 ἧσθαι, μηδὲ ἐᾶν νεκύων ἀμενηνὰ κάρηνα
αἵματος ἆσσον ἴμεν, πρὶν Τειρεσίαο πυθέσθαι.

Homère, *L'Odyssée*, chant X, v. 506-537 (avec coupes), VIIIe s. av. J.-C.

Sur le plateau, scannez celui que le 3 est venu interroger.

3 LA PROPHÉTIE DE TIRÉSIAS

A. Vous connaissez maintenant le mythe dans sa totalité. Dites si les affirmations suivantes sont vraies ou fausses puis reconstituez la première partie du code.

		VRAI	FAUX
1	Tirésias est un devin aveugle mais doué de clairvoyance. (*parchemin*)	☐ 32	☐
2	Ulysse va chercher des conseils auprès du devin pour savoir comment rentrer chez lui. (*Homère*)	☐ 58	☐
3	Circé accompagne Ulysse jusqu'à la porte des Enfers. (*Homère*)	☐ 2	☐
4	Pour voir Tirésias, Ulysse doit effectuer un sacrifice humain. (*Homère*)	☐ 77	☐
5	Le devin lui annonce qu'un Dieu est irrité contre lui parce qu'il a séduit sa femme. (*audio*)	☐ 55	☐
6	Ulysse pourra rentrer chez lui avec ses compagnons à condition de ne pas toucher aux bœufs d'Hélios. (*audio*)	☐ 43	☐

Additionnez les réponses vraies ⟶ ....

✚

B. Qui suis-je ? Répondez aux questions suivantes pour trouver la seconde partie du code.

Je suis un nom commun féminin qui désigne un long voyage plein de péripéties. Je viens du nom propre grec *Odysseus* qui signifie « Ulysse ».
JE SUIS LE MOT : ______

Je suis un nom commun masculin issu du latin *divinus*. J'appartiens à la famille du mot « devinette » et désigne un être qui maîtrise l'art de prédire l'avenir.
JE SUIS LE MOT : ______

Je suis un nom commun féminin issu du grec *leibein*, qui signifie « verser, répandre ». Je désigne l'action de répandre du vin ou un autre liquide en l'honneur d'une divinité.
JE SUIS LE MOT : ______

Je suis un nom commun féminin issu de deux mots grecs : *nostos* (« retour ») et *algos* (« douleur »). Je désigne le sentiment éprouvé par Ulysse et qui le pousse à vouloir rentrer chez lui.
JE SUIS LE MOT : ______

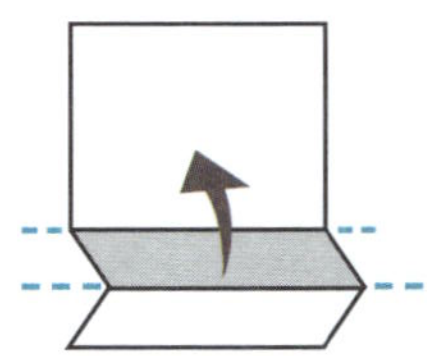

Combien de fois comptez-vous la lettre « E » dans les mots que vous avez trouvés ? ⟶ ....

= ....

Utilisez ce code de correspondance entre les lettres et les flèches de déplacement pour trouver votre chemin jusqu'à Aristide.

HPV ⇨⇨	ABE ⇧	I ⇩
LO ⇨	YC ⇩⇩	RM ⇦

Objet 1 ☐☐☐ _

Objet 2 ☐☐☐ _ _ _

Objet 3 ☐☐☐ _ _

Objet 4 ☐☐☐ _ _

Objet 5 ☐☐☐ _ _ _

Objet 6 ☐☐☐ _

Nathan live!

Scannez le lieu où vous avez découvert Aristide.

Fiche Récap

1 Orphée

- Quelle zone des Enfers avez-vous explorée ? ....
- Quelle mission y a été menée ? ....
- Quel objet est associé à ce personnage ? ....

2 Perséphone

- Quelle zone des Enfers avez-vous explorée ? ....
- Quelle mission y a été menée ? ....
- Quel objet est associé à ce personnage ? ....

3 Héraclès

- Quelle zone des Enfers avez-vous explorée ? ....
- Quelle mission y a été menée ? ....
- Quel objet est associé à ce personnage ? ....

4 Psyché

- Quelle zone des Enfers avez-vous explorée ? ....
- Quelle mission y a été menée ? ....
- Quel objet est associé à ce personnage ? ....

5 Énée

- Quelle zone des Enfers avez-vous explorée ? ....
- Quelle mission y a été menée ? ....
- Quel objet est associé à ce personnage ? ....

6 Ulysse

- Quelle zone des Enfers avez-vous explorée ? ....
- Quelle mission y a été menée ? ....
- Quel objet est associé à ce personnage ? ....

5 OBJECTIF MARS

Complétez le texte avec les bonnes terminaisons.

Comptez le nombre de lettres de chaque terminaison complétée et réalisez l'opération pour obtenir l'un des chiffres du code secret.

...... + ... − ...... + ... = ...

6 BILAN

Quels personnages avez-vous rencontrés ?

....

....

Quel incroyable moyen de transport avez-vous utilisé ?

....

....

Quels dangers avez-vous surmontés ?

....

....

....

ENQUÊTE en eaux troubles

MISSION

Avant d'être assassinée, l'associée d'Amelia a caché les plans de leur fusée dans un coffre-fort. Elle a donné un chiffre du code à chacun de leurs amis. Aidez Pierre Arronax dans le sous-marin, le *Nautilus*, à retrouver ce chiffre, à 20 000 lieues sous les mers.

1 L'ÉNIGME DE LA LETTRE

Mon 1er : _ _ _ _ _

Mon 2e : _ _

Mon 3e : _ _ _ _ _ _ _

Mon 4e : _ _ _ _

Mes 5es : _ _ _ _ _

Mon tout est : _ _ _ _ _ _ _ _ _ _ _ _ _ _ _ _ _ _

- Relisez la lettre et trouvez l'indice caché dans la charade qu'elle contient.

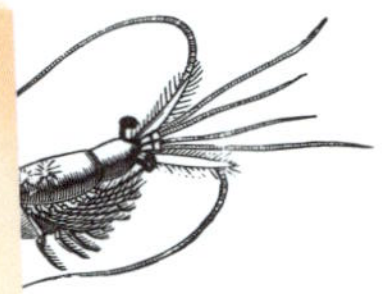

2 UN PORTRAIT MYSTÉRIEUX

a. Lisez le texte et répondez à la question suivante :

Quelle est la classe des mots permettant d'enrichir les noms de ce portrait ?

....

b. Coloriez les lettres de ce mot pour trouver un nouvel indice.

K	Q	O	U	W	M	P	S	G	L	L	R	B	G	K	Q	O	U	N	W	M
B	A	S	H	P	E	R	U	M	U	M	E	S	B	H	D	Q	U	O	O	N
R	D	U	R	N	F	R	K	V	M	S	C	V	W	S	J	O	P	B	U	S
Y	J	R	M	G	J	O	U	B	X	K	A	S	S	M	C	V	R	K	O	L
B	C	O	Z	M	A	M	O	S	S	U	C	M	O	P	D	R	R	N	U	S
Y	F	R	G	N	I	S	Z	X	P	R	U	A	S	T	S	N	O	N	U	N
W	E	A	D	Q	D	B	S	O	N	U	M	H	A	M	Q	N	X	M	X	O
K	N	W	N	M	P	N	U	R	O	M	Y	N	O	U	S	M	Q	U	X	Z
U	M	M	R	X	Q	N	N	M	R	U	K	U	N	Q	U	O	P	N	M	P
P	R	B	P	H	N	B	E	A	F	R	O	N	W	V	J	D	A	F	O	U
Z	S	P	V	N	B	P	T	O	D	G	P	B	G	U	I	U	R	O	M	O
Y	V	U	O	O	Q	L	C	C	T	N	U	K	M	G	D	K	B	L	G	K
H	B	Z	P	K	R	K	F	E	H	Z	R	B	H	P	E	A	C	R	B	O
B	O	X	M	R	G	H	I	L	T	P	M	U	R	Z	C	G	P	Z	G	H
U	O	M	R	B	O	L	J	B	S	J	R	N	X	N	A	F	A	D	O	P
G	K	R	H	U	K	W	Q	O	U	Z	G	L	M	V	Z	P	H	R	L	Q
O	H	Q	M	O	R	P	G	R	L	B	N	M	P	Z	K	M	Q	M	U	R

....

3 LE MESSAGE SECRET

- Pour décoder ce message, identifiez le bon coquillage qui vous donnera la 1re lettre de l'alphabet. Vous en déduirez la suite.

A = ...

A B C D E

F G H I J

K L M N O

P Q R S T U

V W X Y Z

38 50 54 42 49 38 46 38 47 53

42 47 37 42 55 42 37 54 38 45 37 38

49 45 48 47 40 38 38

= 52 _ _ 49 41 _ _ 37 _ _

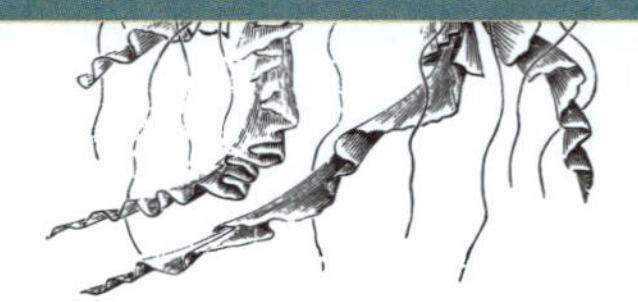

4 FACE AU DANGER

Quels noms désignent les créatures que vous devez affronter ?

_ _ _ [3] _ _

_ _ _ _ _ [5] [2] _

_ _ [8] _ [9]

_ [1] _ [4] _ _ _

_ _ _ _ [6] _ _

Vous êtes sorti d'un sous-marin, monstre de fer. Comment s'appelle-t-il ?

_ _ _ _ [7] _ _ _

À quel lieu mythique vous mènent les lettres en rouge ?

....

5 OBJECTIF MARS

Nathan live!

Complétez le texte avec les bonnes terminaisons.

Comptez le nombre de lettres de chaque terminaison complétée et réalisez l'opération pour obtenir l'un des chiffres du code secret.

6 BILAN

Quels personnages avez-vous rencontrés ?

....

....

Quel incroyable moyen de transport avez-vous utilisé ?

....

....

Quel danger avez-vous surmonté ?

....

....

....

UN TRAIN d'enfer

MISSION

Avant d'être assassinée, l'associée d'Amelia a caché les plans de leur fusée dans un coffre-fort. Elle a donné un chiffre du code à chacun de leurs amis.

Aidez Phileas Fogg à retrouver ce chiffre, dans ce train, au milieu du Far West.

1 L'ÉNIGME DE LA LETTRE

Ma 1ère : ______

Mon 2e : _____

Mon 3e : _____

Mon tout est : _______________

- Relisez la lettre et trouvez l'indice caché dans la charade qu'elle contient.

2 UN PORTRAIT MYSTÉRIEUX

a. Lisez le texte et répondez à la question suivante :

Quelle est la classe des mots permettant d'enrichir les noms de ce portrait ? ....

b. Coloriez les lettres de ce mot pour trouver un nouvel indice.

K	Q	O	U	N	W	M	P	S	G	L	L	R	B	G	K	Q	O	U	N	W	M
T	A	J	C	A	P	U	D	I	J	U	M	X	S	A	C	F	Q	U	O	O	N
R	U	D	R	U	N	G	F	K	F	M	S	S	V	D	S	D	O	P	B	U	S
Y	R	J	M	H	G	O	J	D	C	X	Z	U	S	E	M	I	G	R	K	O	L
B	O	C	Z	W	M	M	A	F	S	S	U	G	M	T	F	D	R	R	N	U	S
Y	R	F	G	B	N	S	I	Z	A	P	R	U	Y	E	S	F	N	O	N	U	N
W	R	E	N	G	Q	B	D	S	O	C	U	M	H	A	M	T	N	X	M	X	O
K	N	G	N	B	M	P	N	U	R	O	M	Y	N	O	U	S	M	Q	U	X	Z
U	M	B	R	V	X	Q	N	N	M	R	U	K	U	N	Q	U	O	P	N	M	P
P	R	B	P	A	H	N	B	R	E	N	R	O	N	T	W	M	N	U	R	O	U
Z	S	P	V	D	N	B	P	U	F	A	G	P	B	I	G	U	U	O	O	N	O
Y	V	U	O	T	O	Q	L	N	C	R	E	B	K	D	M	G	P	B	U	S	K
H	B	Z	P	F	K	R	K	O	F	H	Z	J	L	E	H	P	R	K	O	L	O
B	O	X	M	I	R	G	H	L	I	U	P	M	A	C	R	Z	R	N	U	S	H
U	O	M	R	C	B	O	L	B	J	S	L	R	N	D	H	N	O	N	U	N	P
G	K	R	H	O	U	K	W	Q	O	U	Z	G	L	M	V	Z	P	H	R	L	Q
O	H	Q	M	H	O	R	P	G	R	L	B	N	M	P	Z	K	M	Q	M	U	R

....

3 LE MESSAGE SECRET

- Pour décoder ce message, identifiez la bonne machine qui vous donnera la 1re lettre de l'alphabet. Vous en déduirez la suite.

A = ...

16 11   25 27 15 25

10, 15 20 10 11   21 27

10, 7 19 11 24 15 23 27 11

= 15 ....

4 FACE AU DANGER

Relevez quatre mots appartenant à l'univers des armes.

__ [8] __ [4] __ __

__ __ [1] __ __ [3] __ __ __ [5] __

[7] [2] __ __ __

__ [6] __ __ __ __ __ __

Quels guerriers devez-vous affronter ? _ _ _ _ _

Quel nouveau moyen de transport devrez-vous utiliser ?

....

5 OBJECTIF MARS

Complétez le texte avec les bonnes terminaisons.

Comptez le nombre de lettres de chaque terminaison complétée et réalisez l'opération pour obtenir l'un des chiffres du code secret.

...... + ... + ... − ...... = ...

6 BILAN

Quels personnages avez-vous rencontrés ?

....

....

Quel incroyable moyen de transport avez-vous utilisé ?

....

....

Quel danger avez-vous surmonté ?

....

....

UN VOL à haut risque

MISSION

Avant d'être assassinée, l'associée d'Amelia a caché les plans de leur fusée dans un coffre-fort. Elle a donné un chiffre du code à chacun de leurs amis. Prenez de la hauteur et aidez Sam Fergusson à retrouver ce chiffre, pendant son périple en ballon en Afrique.

1 L'ÉNIGME DE LA LETTRE

Mon 1er : ___ ___ ___
Mon 2e : ___ ___ ___ ___
Mon 3e : ___ ___ ___ ___
Mon 4e : ___ ___ ___
Mon 5e : ___ ___ ___
Mon tout est : ___ ___ ___ ___ ___ ___ ___ ___ ___ ___ ___ ___ ___

• Relisez la lettre et trouvez l'indice caché dans la charade qu'elle contient.

2 UN PORTRAIT MYSTÉRIEUX

a. Lisez le texte et répondez à la question suivante :

Quelle est la classe des mots permettant d'enrichir les noms de ce portrait ? …… …… …… …… …… …… …… ……

b. Coloriez les lettres de ce mot pour trouver un nouvel indice.

K	Q	O	U	N	W	M	P	S	G	L	L	R	B	G	K	Q	O	U	N	W	M
B	A	J	C	O	P	U	D	I	J	U	M	X	S	D	I	J	U	U	O	O	N
R	D	S	R	U	N	G	F	K	F	M	S	S	V	F	K	F	M	P	B	U	S
Y	J	V	M	H	G	O	J	S	C	X	Z	U	S	J	D	C	X	R	K	O	L
B	C	B	Z	W	M	M	A	D	F	S	U	G	M	A	F	S	S	R	N	U	S
Y	F	O	G	B	N	S	I	Z	A	P	R	U	Y	I	Z	A	P	O	N	U	N
W	E	I	F	G	Q	B	D	S	T	Q	U	M	H	D	S	O	C	X	M	X	O
K	N	G	N	M	M	P	N	U	R	O	M	Y	N	O	U	S	M	Q	U	X	Z
U	M	N	R	V	X	Q	N	N	M	R	U	K	U	N	Q	U	O	P	N	M	P
P	U	R	O	A	J	C	B	R	W	N	E	T	I	W	M	M	N	U	R	O	U
Z	O	O	N	U	D	R	P	U	O	N	F	P	B	G	S	U	U	O	O	N	O
Y	B	U	S	R	J	M	L	N	U	R	C	A	K	M	Z	G	P	B	U	S	K
H	K	O	L	O	C	Z	K	O	O	H	F	R	L	H	U	P	R	K	O	L	O
B	N	U	S	R	F	G	H	L	U	U	I	M	H	R	R	Z	R	N	U	S	H
U	N	U	N	R	E	N	L	B	U	S	J	D	A	G	U	N	O	N	U	N	P
G	K	R	H	O	U	K	W	Q	O	U	Z	G	L	M	V	Z	P	H	R	L	Q
O	H	Q	M	H	O	R	P	G	R	L	B	N	M	P	Z	K	M	Q	M	U	R

…… …… …… …… ……

3 LE MESSAGE SECRET

• Pour décoder ce message, identifiez l'animal qui vous donnera la 1re lettre de l'alphabet. Vous en déduirez la suite.

A = ……

A B C D E
F G H I J
K L M N O
P Q R S T
U
V W X Y Z

23 29 28 17 20

12 ' 23 10 27 13 26 30 9 28 17 23 22

= …… …… …… …… 20 20 …… ……

4 FACE AU DANGER

Relevez cinq mots appartenant au champ lexical du feu.

5 ___ ___ ___
2 ___ ___ ___ ___ ___ ___ ___ ___ ___
3 ___ ___ ___ ___ ___ ___ ___ ___ ___
4 ___ ___ ___ ___ ___ ___ ___ ___ ___ ___ ___ ___ ___ ___
1 ___ ___ ___ ___ ___ ___ ___ ___ ___

Quel danger devez-vous affronter ?

Qu'utilisez-vous pour attacher le ballon au sol ?

…… …… …… …… ……

5 OBJECTIF MARS

Complétez le texte avec les bonnes terminaisons.

6 BILAN

Dans quel type d'expédition s'engagent nos personnages ?

....

....

Quel incroyable moyen de transport avez-vous utilisé ?

....

....

Quels dangers avez-vous surmontés ?

....

....

DANS LES ENTRAILLES de la Terre

MISSION

Avant d'être assassinée, l'associée d'Amelia a caché les plans de leur fusée dans un coffre-fort. Elle a donné un chiffre du code à chacun de leurs amis.

Plongez dans les entrailles de la Terre et aidez le professeur Lindenbrock à retrouver ce chiffre.

1 L'ÉNIGME DE LA LETTRE

Mon 1er : ______

Mon 2e : ___

Mon 3e : _____

- Relisez la lettre et trouvez l'indice caché dans la charade qu'elle contient.

Mon tout est : _______________

2 UN PORTRAIT MYSTÉRIEUX

a. Lisez le texte et répondez à la question suivante :

Quelle est la classe des mots permettant d'enrichir les noms de ce portrait ? …… …… …… …… …… …… …… ……

K	N	B	N	Q	M	P	N	U	R	O	M	Y	N	O	U	S	M	Q	U	H	Z
G	K	R	H	O	U	K	W	Q	E	U	Z	G	L	M	V	Z	P	A	C	J	Q
K	Q	O	U	N	W	M	P	S	V	L	L	R	B	G	K	Q	O	U	N	W	M
B	D	U	L	O	F	U	M	K	A	U	M	E	N	R	O	F	Q	E	A	E	G
R	F	D	R	E	D	G	R	K	D	M	S	F	A	G	P	D	O	C	B	U	S
Y	J	M	C	H	I	O	S	P	T	X	Z	C	R	E	B	I	G	F	I	O	L
B	A	X	Z	W	D	M	V	Y	F	S	U	F	H	Z	J	D	R	J	N	U	S
Y	I	S	G	B	F	S	B	Z	I	P	R	I	U	P	M	F	N	D	N	U	N
W	D	P	N	G	T	B	O	S	C	G	U	J	S	L	R	T	N	J	D	F	O
O	H	Q	M	H	O	R	P	G	R	L	B	N	M	P	Z	K	M	Q	M	U	R
U	M	B	R	V	X	Q	N	N	M	R	U	K	U	N	Q	U	O	P	N	N	P
P	R	B	D	I	J	U	B	R	P	A	C	F	P	G	R	A	N	U	R	M	U
Z	S	P	F	K	F	M	P	U	U	D	H	D	N	U	R	D	U	O	O	R	O
Y	V	U	J	D	C	X	L	N	O	E	M	I	N	N	M	T	P	B	U	S	K
H	B	Z	A	F	S	S	K	O	B	T	F	D	B	R	P	F	R	K	O	V	O
B	O	X	I	Z	A	P	H	L	K	E	S	F	P	U	U	I	R	N	U	B	H
U	O	M	D	S	O	C	L	B	N	A	M	T	L	N	O	C	E	T	U	O	P

b. Coloriez les lettres de ce mot pour trouver un nouvel indice.

…… …… …… …… …… …… ……

3 LE MESSAGE SECRET

- Pour décoder ce message, identifiez le minéral qui vous donnera la 1re lettre de l'alphabet. Vous en déduirez la suite.

A = ……

A B C D E

F G H I J

K L M N O

P Q R S T U

V W X Y Z

28 36 25 24 41 26 24 43 32 38 37

27 28 42 37 24 44 29 41 24 30 28 42

= …… …… …… …… …… …… (24 … 24)

4 FACE AU DANGER

Quels animaux marins devez-vous affronter ?

_ _ _ _ (4) _ (3) _ _

(7) _ _ _ _ _ _

_ _ (2) _ (6) _ _ _ _

(1) _ _ (8) _ _ _

Quel nom est employé pour désigner tous ces animaux ?

_ _ _ _ _ _ _ (5)

Quel objet vous aide à garder le cap ?

…… …… …… …… …… …… …… ……

5 OBJECTIF MARS

Complétez le texte avec les bonnes terminaisons.

Comptez le nombre de lettres de chaque terminaison complétée et réalisez l'opération pour obtenir l'un des chiffres du code secret.

...... + ... − ...... + ... = ...

6 BILAN

Dans quel type d'opération s'engagent nos personnages ?

....

....

Quel incroyable univers avez-vous exploré ?

....

....

Quels dangers avez-vous surmontés ?

....

....

....

PIÈGE arctique

MISSION

Avant d'être assassinée, l'associée d'Amelia a caché les plans de leur fusée dans un coffre-fort. Elle a donné un chiffre du code à chacun de leurs amis.

Dans les glaces de l'Arctique, aidez Jean Cornbutte à retrouver ce chiffre.

1 L'ÉNIGME DE LA LETTRE

Mon 1er : _ _ _
Mon 2e : _ _
Mon 3e : _ _ _
Mon 4e : _ _

Mon tout est : _ _ _ _ _ _ _ _ _ _

• Relisez la lettre et trouvez l'indice caché dans la charade qu'elle contient.

2 UN PORTRAIT MYSTÉRIEUX

a. Lisez le texte et répondez à la question suivante :

Quelle est la classe des mots permettant d'enrichir les noms de ce portrait ?

[ ] [ ] [ ] [ ] [ ] [ ] [ ] [ ]

K	Q	O	U	N	W	M	P	S	G	L	L	R	B	G	K	Q	O	U	N	W	M
U	E	N	R	O	T	N	U	U	P	D	I	J	O	O	A	N	U	B	T	O	N
G	F	A	G	P	I	B	O	O	Z	F	K	F	B	U	D	S	R	P	E	U	S
O	C	R	E	B	D	K	K	B	Y	J	S	C	K	O	R	J	M	D	K	O	L
M	F	H	Z	J	E	L	O	K	H	A	D	F	N	U	O	C	Z	T	N	U	S
S	I	U	P	M	A	Q	H	N	B	I	Z	A	H	R	R	Y	F	H	N	U	N
B	J	S	L	R	D	N	P	N	U	D	S	T	Q	M	R	Z	E	L	M	X	O
K	N	S	N	F	M	P	N	U	R	O	M	Y	N	O	U	S	M	Q	U	X	Z
U	M	B	R	V	X	Q	N	N	M	R	U	K	U	N	Q	U	O	P	N	M	P
P	E	R	O	S	D	I	J	U	P	U	R	N	E	T	I	N	U	M	L	W	U
Z	F	O	N	V	F	K	F	M	Z	O	O	N	F	P	B	N	P	U	R	G	O
Y	C	U	S	S	J	D	C	X	Y	B	U	R	C	A	K	R	Z	O	O	M	K
H	F	O	L	M	A	F	S	S	H	K	O	H	F	R	L	H	Y	B	U	H	O
B	I	U	S	Y	I	Z	A	P	B	N	U	U	I	M	H	U	H	K	O	R	H
U	J	U	N	H	D	S	O	C	U	N	U	S	J	D	A	S	B	N	U	G	P
G	K	R	H	O	U	K	W	Q	O	U	Z	G	L	M	V	Z	P	H	R	L	Q
O	H	Q	M	H	O	R	P	G	R	L	B	N	M	P	Z	K	M	Q	M	U	R

b. Coloriez les lettres de ce mot pour trouver un nouvel indice.

[ ] [ ] [ ] [ ] [ ] [ ]

3 LE MESSAGE SECRET

• Pour décoder ce message, identifiez le bateau qui vous donnera la 1re lettre de l'alphabet. Vous en déduirez la suite.

A = ...

26 24 11 19 8 18 11 19 11 20 26

8 24 27 26 7 18

10 27   25 21 18

= 25 _ _ 25 _ _

4 FACE AU DANGER

Quels sont les effets du séisme sur la glace ?

_ _ _ _ [2] _ _ _ _ _
_ [3] _ _ [5] _ _ _ _ _
[9] _ _ _ _ [4] _ _
_ _ [7] _ _ _ _
_ [1] _ _ _ [8] _ _ _ [6] _ _

Quelle attaque devez-vous parer ?

[ ] [ ] [ ] [ ] [ ] [ ] [ ] [ ] [ ]

5 OBJECTIF MARS

Complétez le texte avec les bonnes terminaisons.

Comptez le nombre de lettres de chaque terminaison complétée et réalisez l'opération pour obtenir l'un des chiffres du code secret.

6 BILAN

Que veulent explorer nos personnages ?

....

....

Quel incroyable moyen de transport avez-vous utilisé ?

....

....

Quels dangers avez-vous surmontés ?

....

....

....

DÉCOLLAGE immédiat !

MISSION

Avant d'être assassinée, l'associée d'Amelia a caché les plans de leur fusée dans un coffre-fort. Elle a donné un chiffre du code à chacun de leurs amis.

Au sein du Gun club de Baltimore, aidez Impey Barbicane à retrouver ce chiffre.

1 L'ÉNIGME DE LA LETTRE

Mon 1er : _ _ _
Mon 2e : _ _ _ _ _
Mon 3e : _ _ _ _ _ _ _

Mon tout est : _ _ _ _ _ _ _ _ _ _ _ _ _ _

- Relisez la lettre et trouvez l'indice caché dans la charade qu'elle contient.

2 UN PORTRAIT MYSTÉRIEUX

a. Lisez le texte et répondez à la question suivante :

Quelle est la classe des mots permettant d'enrichir les noms de ce portrait ? …… …… …… …… …… …… …… ……

K	Q	O	U	N	W	M	P	S	G	L	L	R	B	G	K	Q	O	U	N	W	M
U	D	I	J	U	P	U	D	I	J	U	M	X	S	O	A	J	C	B	O	O	N
G	F	K	F	M	N	G	F	K	P	M	S	S	V	N	U	D	R	P	B	U	S
O	J	S	C	X	G	O	J	S	V	X	Z	U	S	S	R	J	M	L	K	O	L
M	A	D	F	S	M	M	A	D	F	S	U	G	M	L	O	C	Z	K	N	U	S
S	I	Z	A	P	N	S	V	Z	A	P	R	U	Y	S	R	F	G	H	N	U	N
B	D	S	T	Q	Q	B	D	I	T	Q	U	M	H	N	R	E	N	L	M	X	O
K	N	S	N	G	M	P	N	U	R	O	M	Y	N	O	U	S	M	Q	U	X	Z
U	M	B	R	V	X	Q	N	N	M	R	U	K	U	N	Q	U	O	P	N	M	P
P	U	R	O	M	X	S	B	R	S	D	I	J	U	W	M	N	E	T	I	W	U
Z	O	O	N	S	S	V	P	U	V	F	K	F	M	G	S	N	F	P	B	G	O
Y	B	U	S	Z	U	S	L	N	S	J	D	C	X	M	Z	R	C	A	K	M	K
H	K	O	L	U	G	M	K	O	M	A	F	S	S	H	U	H	F	R	L	H	O
B	N	U	S	R	U	Y	H	L	Y	I	Z	A	P	R	R	U	I	M	H	R	H
U	N	U	N	U	M	H	L	B	H	D	S	O	C	G	U	S	J	D	A	G	P
G	K	R	H	O	U	K	W	Q	O	U	Z	G	L	M	V	Z	P	H	R	L	Q
O	H	Q	M	H	O	R	P	G	R	L	B	N	M	P	Z	K	M	Q	M	U	R

b. Coloriez les lettres de ce mot pour trouver un nouvel indice.

…… …… …… …… ……

3 LE MESSAGE SECRET

- Pour décoder ce message, identifiez l'instrument qui vous donnera la 1re lettre de l'alphabet. Vous en déduirez la suite.

A = ……

29 38 31 33 38 40 42 39 40 45 36 43 29

28 25 38 43 36 29 43 25 33 42 43

= …… …… …… …… ……(29) …… …… …… …… ……(29)

4 FACE AU DANGER

Quels sont les effets du décollage de la navette ?

_ _ _ _ [1] _ _ _ _ _ _ _

_ _ [3] _ _ _ _ [4]

_ [2] _

_ [6] _ _ _ _ [5] _

Quel moyen de transport vous permet de naviguer ?

…… …… …… …… …… ……

VOUS Y ÊTES PRESQUE !

Bravo ! Vous détenez désormais tous les chiffres.

Ultime énigme : les remettre dans le bon ordre en les reportant dans la bonne case, pour obtenir le code à transmettre à Amélia.

Vous connaissez les héros. Découvrez maintenant, pour chacun d'eux, l'œuvre de Jules Verne qui lui est associée. Pour cela, écrivez au-dessus de chaque titre, le numéro du plateau et le nom du héros qui conviennent.

PLATEAU 1 Pierre Arronax

PLATEAU 2 Phileas Fogg

PLATEAU 3 Sam Fergusson

PLATEAU 4 Professeur Lindenbrock

PLATEAU 5 Jean Cornbutte

PLATEAU 6 Impey Barbicane

PLATEAU ......
De la Terre à la Lune
Qui ? ....
1er chiffre → ......

PLATEAU ......
20 000 Lieues sous les mers
Qui ? ....
2e chiffre → ......

PLATEAU ......
Cinq semaines en ballon
Qui ? ....
3e chiffre → ......

PLATEAU ......
Voyage au centre de la Terre
Qui ? ....
4e chiffre → ......

PLATEAU ......
Un hivernage dans les glaces
Qui ? ....
5e chiffre → ......

PLATEAU ......
Le Tour du monde en 80 jours
Qui ? ....
6e chiffre → ......

Le code est : ....

1 LE HÉROS SELON JULES VERNE

1. Quelles sont les caractéristiques des héros que vous venez de rencontrer ? Quels sont leurs points communs ?

2 DES UNIVERS RICHES ET SURPRENANTS

2. Quels « mondes » avez-vous visités aux côtés des héros de Jules Verne ?

3 À VOUS DE JOUER !

Pour écrire ses romans, Jules Verne s'appuyait sur de nombreux documents scientifiques et géographiques. Passionné de navigation, il effectuait aussi de nombreuses recherches et avait pour objectif de partager avec ses lecteurs les découvertes scientifiques de son époque.

À partir du plateau que chaque groupe a exploré, imaginez-le ensemble à son bureau. Décrivez cette pièce richement décorée. En vous aidant de votre plateau, vous intégrerez des éléments évoquant l'œuvre que vous avez découverte.

Tristan & Iseut

LA MAGIE DE L'AMOUR

Votre mission

Vous devez trouver le mot qui à lui seul résume le mieux l'histoire de Tristan et Iseut. Pour cela, chaque énigme va vous permettre de trouver une ou plusieurs lettres de ce mot. Vous devrez ensuite les mettre dans le bon ordre, et le mot apparaîtra.

ÉNIGME 1

Observez bien le plateau et coloriez en bleu l'époque à laquelle a lieu l'histoire des deux amants.

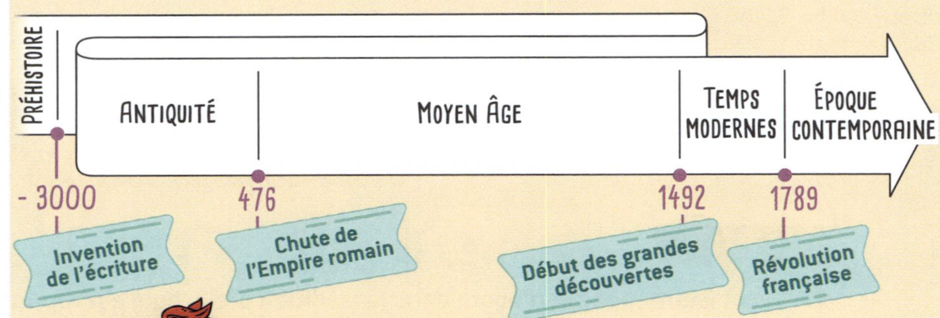

LA DERNIÈRE LETTRE DU NOM DE LA PÉRIODE COLORÉE EST LA LETTRE MYSTÈRE → ......

ÉNIGME 5

Vous arrivez bientôt à la fin de votre mission ! Encore un effort !

Regardez bien : un élément du plateau appartient à l'univers du merveilleux. En coloriant toutes les lettres qui constituent le nom qui le désigne, vous découvrirez les dernières lettres du mot mystère !

Z	M	B	F	C	J	I	K	H	Y	C
Y	A	T	M	L	N	B	N	R	G	U
C	G	W	H	J	D	F	S	A	L	V
I	R	U	P	I	R	I	B	O	U	H
Q	D	G	N	T	O	M	J	G	Q	P
B	X	K	B	F	X	L	C	W	S	M
F	U	M	V	S	L	J	Z	U	K	I

LE MOT À TROUVER DANS LA GRILLE EST → ....

LES LETTRES RÉVÉLÉES SONT → ....

Vous y êtes presque…

NOTEZ ICI LES LETTRES TROUVÉES → ....

METTEZ-LES DANS L'ORDRE POUR TROUVER LE MOT MYSTÈRE →

MOT MYSTÈRE ....

BILAN

Donnez trois mots qui résument la conception de l'amour exposée dans *Tristan et Iseut*

....

ÉNIGME 2

À cette époque, l'amour se veut courtois. Mais qu'est-ce-que cela signifie ? Et comment s'y prendre pour séduire sa bien-aimée ?

Scannez une arme… et regardez la vidéo attentivement, deux fois si nécessaire. Vous pourrez ensuite remplir les mots croisés ci-dessous qui vous permettront de retenir les mots clés de cet art amoureux.

1. Aux XIIe et XIIIe siècles, ensemble de règles qui caractérisent les relations entre les hommes et les femmes.
2. Radical du mot précédent, qui désigne le groupe social dans lequel le roi ou un prince évolue.
3. « Amour parfait » en occitan.
4. Chant rimé de la poésie provençale.
5. Paysan au Moyen Âge.
6. Poètes du Pays d'Oc.
7. Chevalier amoureux de Guenièvre, la femme du roi Arthur.
8. Devoir du vassal envers son seigneur, et du chevalier envers sa dame.

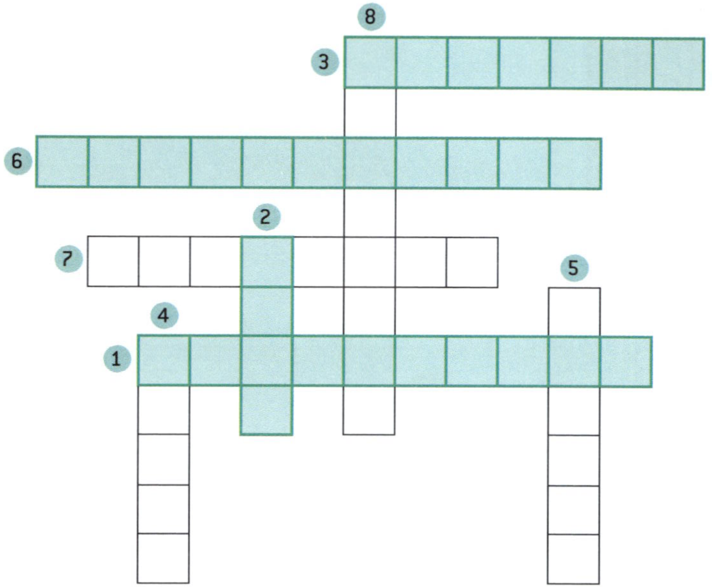

LA CONSONNE EST CELLE QUI EST COMMUNE À TOUS LES MOTS COLORIÉS → ……

ÉNIGME 3

Tristan et Iseut apparaît d'abord dans la tradition orale, puis est repris par différents auteurs dans la littérature écrite. Découvrez l'histoire de ce couple emblématique de l'amour courtois. Scannez le lieu où leur destin est scellé.

QUEL MOT DÉSIGNE CE QUE LES AMANTS BOIVENT ? NOTEZ LA LETTRE À CONSERVER. → ……

ÉNIGME 4

Écoutez l'histoire de deux amants, racontée par la poétesse Marie de France à la fin du XIIe siècle. Complétez ensuite le texte à trous avec les termes proposés.

comte – douleur – fille – hache – médiévale – montagne – philtre – prétendants – roi – Shakespeare – tragique

Un ………………… normand impose aux ………………… qui veulent épouser sa ………………… de la porter jusqu'en haut du mont le plus haut de la région. Aucun n'y parvient. Mais la jeune fille, amoureuse et aimée du fils d'un …………………, conseille à son amant d'aller voir une tante afin qu'elle lui prépare un ………………… . Cette boisson magique donnera assez de force au garçon pour porter sa bien-aimée sans fatigue jusqu'au sommet de la ………………… et ainsi pouvoir l'épouser. Mais le jeune garçon est si pressé d'arriver au sommet qu'il ne prend pas le temps de boire la potion lors de la montée… Le texte est caractéristique de la poésie ………………… ; il présente le destin ………………… des deux amants qui meurent ensemble, la jeune fille éperdue de ………………… refusant de survivre à celui dont elle est éprise. On trouve aussi ce thème dans *Roméo et Juliette* de ………………… .

QUEL EST LE MOT INTRUS ? C'EST AUSSI UNE LETTRE QUI EST À CONSERVER ! → ……

Votre mission

Vous devez trouver un mot qui évoque l'histoire de Roméo et Juliette. Pour cela, chaque énigme va vous permettre d'en trouver une ou plusieurs lettres. Une fois toutes les lettres découvertes, vous devrez les remettre dans le bon ordre, et le mot apparaîtra.

ÉNIGME 1

Observez bien le plateau et coloriez en jaune l'époque à laquelle a lieu l'histoire des deux amants.

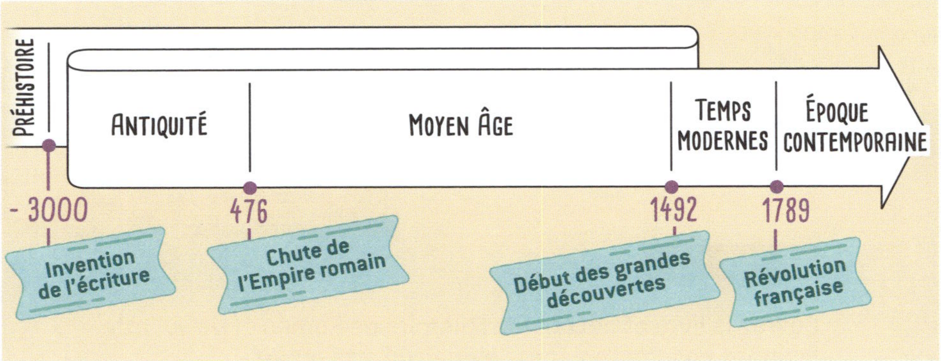

LA DEUXIÈME LETTRE DE L'ADJECTIF DANS LA PÉRIODE COLORIÉE EST LA LETTRE MYSTÈRE ......

ÉNIGME 5

Vous arrivez bientôt à la fin de votre mission ! Encore un effort !

Sur le plateau, où se trouve Juliette lorsque Roméo l'observe avec passion ?
Ce mot constitue la clé pour découvrir les dernières lettres qui vous permettront de trouver le mot mystère ! Coloriez toutes les lettres qui constituent ce mot dans la grille, et découvrez une conjonction de subordination.

D	M	E	G	U	I	S	V	K
T	E	A	C	B	G	C	J	U
Q	L	P	Z	W	F	O	Z	M
I	V	N	C	X	M	A	D	I
M	S	J	D	O	H	L	E	X
X	A	B	N	Q	U	N	R	P
F	U	V	I	K	T	Y	E	V

LE MOT À TROUVER DANS LA GRILLE EST ....

LES DEUX LETTRES RÉVÉLÉES SONT ....

Vous y êtes presque...

NOTEZ ICI LES LETTRES TROUVÉES ....

METTEZ-LES DANS L'ORDRE POUR TROUVER LE MOT MYSTÈRE

MOT MYSTÈRE ....

BILAN

Donnez trois mots qui résument la conception de l'amour que Shakespeare expose dans *Roméo et Juliette*.

....

ÉNIGME 2

Révisons le vocabulaire du théâtre à travers des mots-croisés.

Roméo et Juliette est un texte de théâtre. Scannez un objet qui évoque ce genre littéraire… Vous serez aidés pour remplir les mots croisés ci-dessous.

1. Indication donnée par l'auteur.
2. Espace où se joue une pièce de théâtre.
3. Grande partie d'une pièce, dont la longueur à l'origine dépend de la durée de vie des bougies qui éclairaient la scène.
4. Pièce de théâtre mettant en scène des personnages illustres, dont l'issue est généralement funeste.
5. Ensemble des phrases que dit un personnage avant que le suivant ne prenne la parole.
6. Texte dit par un personnage seul sur scène.
7. Synonyme de destin. Au théâtre, est souvent lié à la volonté des dieux.
8. Texte long dit par un personnage.

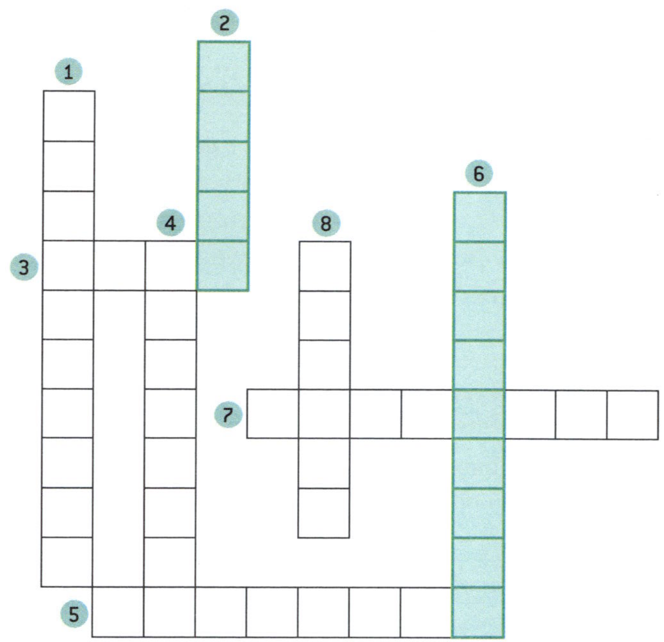

LA LETTRE EST LA CONSONNE COMMUNE AUX SEULS MOTS COLORIÉS → ……

ÉNIGME 3

Ouvrez le livre et découvrez l'histoire de Roméo et de Juliette. Scannez ensuite l'objet par lequel Juliette meurt.

QUEL MOT ANGLAIS SE TRADUIT PAR UN MOT DE LA FAMILLE DE « ATTRISTÉ » ? NOTEZ LA VOYELLE PRÉSENTE DEUX FOIS DANS CE MOT. → ……

ÉNIGME 4

Des acteurs doivent jouer la belle scène qui suit, mais certains mots ne sont pas lisibles : aidez-les à les retrouver en écoutant ce qui sort de la bouche d'un des protagonistes.

ailé – airs – ange – aurore – jalouse – lumière – nuées– Orient – pâleur– prêtresse – soleil

Le jardin de Capulet.

ROMÉO. — (*Apercevant Juliette qui apparaît à une fenêtre.*) – Mais doucement! Quelle …………… jaillit par cette fenêtre ? – Voilà l'……………, et Juliette est le …………… ! – Lève-toi, belle ……………, et tue la lune ……………, – qui déjà languit et pâlit de douleur, parce que toi, sa ……………, tu es plus belle qu'elle-même ! […] Voilà madame ! Oh ! voilà mon amour ! Oh ! si elle pouvait le savoir... Que dit-elle ? Rien... […]

JULIETTE. — Hélas !

ROMÉO. — Elle parle ! Oh ! parle encore, …………… resplendissant ! Car tu rayonnes dans cette nuit, au-dessus de ma tête, comme le messager …………… du ciel, quand, aux yeux bouleversés des mortels qui se rejettent en arrière pour le contempler, il devance les …………… paresseuses et vogue sur le sein des …………… !

JULIETTE. — Ô Roméo ! Roméo ! pourquoi es-tu Roméo ? – Renie ton père et abdique ton nom ; ou, si tu ne le veux pas, jure de m'aimer, et je ne serai plus une Capulet.

QUEL EST LE MOT INTRUS ? LA PREMIÈRE LETTRE DE CE MOT EST À CONSERVER ! → ……

Chimène & Rodrigue

AMOUR ET HONNEUR

Votre mission

Vous devez trouver le mot qui désigne un événement essentiel dans l'avancée de l'intrigue du Cid, célèbre tragi-comédie de Pierre Corneille. Pour cela, chaque énigme va vous permettre d'en trouver une ou plusieurs lettres. Vous devrez ensuite les mettre dans le bon ordre, et le mot apparaîtra.

ÉNIGME 1

Pierre Corneille a vécu à la même époque que les rois Louis XIII et Louis XIV. Coloriez en jaune la période de la frise qui correspond à cette époque.

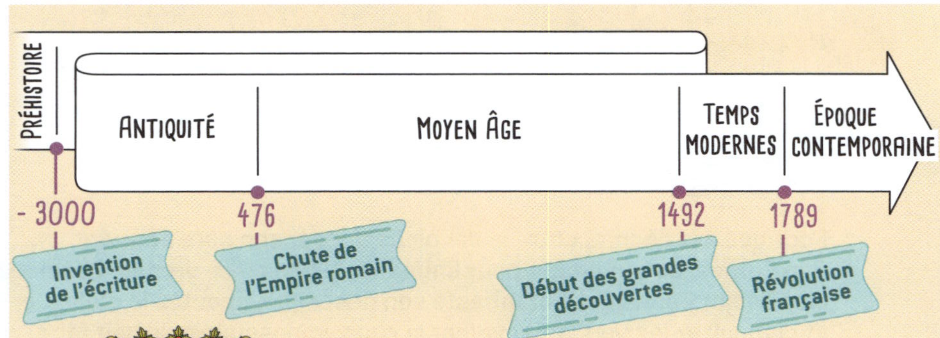

LA DEUXIÈME LETTRE DE L'ADJECTIF DANS LA PÉRIODE COLORIÉE EST LA LETTRE MYSTÈRE → ......

ÉNIGME 5

Vous arrivez bientôt à la fin de votre mission ! Encore un effort !

Le Cid a réellement existé au XIe siècle ; il s'agit d'un chevalier chrétien, Don Rodrigue Diaz de Bivar. Qu'est-ce qui recouvre le torse de ce preux chevalier ? Coloriez les lettres qui constituent ce mot dans la grille et découvrez une conjonction de coordination dont vous conserverez la première lettre.

X	H	L	G	N	P	I	D	S	Y
K	R	B	R	J	R	E	B	M	O
M	E	P	I	O	X	R	V	C	T
T	A	R	C	D	F	A	I	G	L
O	B	L	Q	N	K	E	N	W	Q
I	R	A	B	S	Z	B	F	K	P
Z	W	J	T	C	Y	O	P	I	H

LE MOT À TROUVER DANS LA GRILLE EST → ....

LA LETTRE À TROUVER EST → ......

Vous y êtes presque...

NOTEZ ICI LES LETTRES TROUVÉES → ....

METTEZ-LES DANS L'ORDRE POUR TROUVER LE MOT MYSTÈRE →

MOT MYSTÈRE

....

BILAN

Donnez trois mots qui résument la conception de l'amour dans la pièce de Pierre Corneille.

....

ÉNIGME 2

En vous aidant de la didascalie initiale qui contient la liste des personnages, complétez la carte puis remplissez la grille de mots croisés.

1. Ville espagnole dans laquelle est située l'intrigue du *Cid*.
2. Titre d'honneur donné aux femmes, en Espagne.
3. Qui partage un amour réciproque avec une autre personne.
4. Région historique d'Espagne.
5. Qui aime, mais qui n'est pas aimé en retour.
6. Titre d'honneur donné aux hommes, en Espagne.
7. Aime Chimène, sans en être aimé.
8. Le père de Dona Urraque.

Vous trouverez 2 lettres mystère.

LA PREMIÈRE EST LA CONSONNE COMMUNE AUX TROIS MOTS COLORIÉS → ......

LA SECONDE EST LA CONSONNE DU MOT N° 8 QUI N'APPARAÎT DANS AUCUN AUTRE MOT DE LA GRILLE → ......

ÉNIGME 3

Rodrigue est déchiré entre le devoir de venger son père en tuant Don Gomès, et son amour pour Chimène, la fille de ce dernier. Observez bien l'objet par lequel il manifeste son désespoir, écoutez le dialogue et complétez les vers qui révèlent le choix impossible qu'il doit faire.

LES LETTRES À CONSERVER SONT SURLIGNÉES → ....

ÉNIGME 4

Un comédien s'est entraîné à prononcer les vers les plus célèbres de la pièce de Corneille. Malheureusement, certains mots du texte ont été raturés !
Réparez ces dommages en complétant les citations à l'aide des mots proposés ci-dessous.

affront – années – gloire – hais – obscure – soufflet – vieillesse

O rage ! ô désespoir ! ô .... ennemie !

À vaincre dans péril, on triomphe sans ....

Je suis jeune, il est vrai ; mais aux âmes bien nées
La valeur n'attend point le nombre des ....

Va, je ne te .... point.

Cette .... clarté qui tombe des étoiles

En cet .... mon père est l'offensé,
Et l'offenseur le père de Chimène !

QUEL EST LE MOT INTRUS ? LA QUATRIÈME LETTRE DE CE MOT EST À CONSERVER ! → ......

Cyrano
L'AMOUR MASQUÉ

Votre mission

Vous devez trouver le mot qui désigne le lieu dans lequel Roxane découvre enfin toute la supercherie amoureuse ourdie par Cyrano et Christian. Pour cela, chaque énigme va vous permettre d'en trouver une ou plusieurs lettres. Vous devrez ensuite les mettre dans le bon ordre, et le mot apparaîtra.

ÉNIGME 1

Observez bien le plateau et coloriez en jaune l'époque à laquelle a lieu l'histoire de Cyrano et Roxane dans la pièce écrite par Edmond Rostand en 1897.

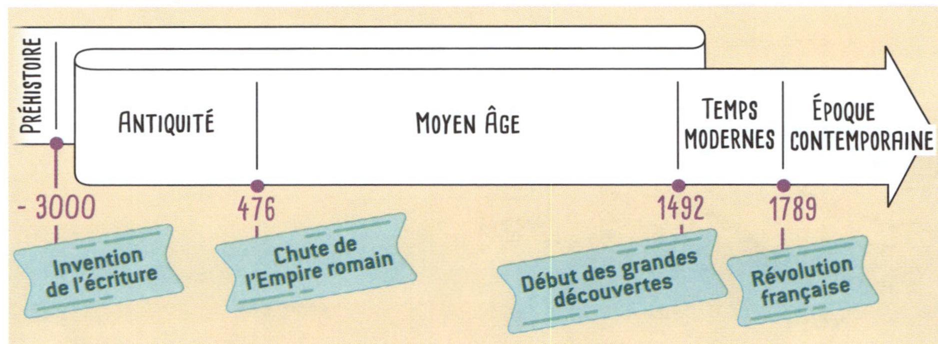

LA DEUXIÈME LETTRE DU NOM COMMUN DANS LA PÉRIODE COLORIÉE EST LA LETTRE MYSTÈRE → ......

ÉNIGME 5

Vous arrivez bientôt à la fin de votre mission ! Encore un effort !

Quel terme désigne à la fois un adjectif marquant une attitude affectueuse envers quelqu'un, et un pays imaginaire inventé au XVIIe siècle ? Coloriez toutes les lettres composant ce terme dans le tableau ci-dessous. Une lettre apparaîtra comme par magie !

I	H	P	G	I	F	X	L
P	S	G	V	M	J	Z	C
U	D	P	V	L	P	T	V
C	T	S	I	L	U	R	W
B	E	J	V	O	W	N	B
A	G	D	K	A	D	W	G
J	J	G	N	E	J	X	W
X	I	U	M	J	K	O	M

LE MOT À TROUVER EST → ....

LA LETTRE RÉVÉLÉE EST → ......

Vous y êtes presque…

NOTEZ ICI LES LETTRES TROUVÉES → ....

METTEZ-LES DANS L'ORDRE POUR TROUVER LE MOT MYSTÈRE →

MOT MYSTÈRE

....

BILAN

Donnez trois mots qui résument la conception de l'amour que les Précieuses revendiquent.

....

ÉNIGME 2

Roxane, et les autres Précieuses, ont souhaité introduire davantage de raffinement dans le jeu de l'amour, et la carte du pays imaginaire de Tendre, qui présente les différentes étapes d'une relation amoureuse, en est un bon témoignage. En vous aidant des lieux mentionnés sur la carte, complétez la grille de mots croisés.

1. Capacité à s'accommoder aux goûts de quelqu'un pour lui plaire.
2. Obéissance.
3. Grande honnêteté.
4. Défaillance de la mémoire.
5. Entre le chaud et le froid : manque de passion.
6. Expression de la valeur qu'on accorde à quelqu'un.
7. Franchise.
8. Capacité de beaucoup donner.

NOTEZ LES LETTRES COLORIÉES. ....

ÉNIGME 3

Cherchez sur le plateau un indice évoquant le comédien Jean Rochefort. Regardez la vidéo et répondez au quiz.

QUELLE EST LA DERNIÈRE LETTRE DU MOT SIGNIFIANT « GROS NEZ » EN ARGOT ? ......

ÉNIGME 4

Pour plaire à la Précieuse Roxane, Cyrano utilise un langage raffiné lorsqu'il lui parle d'amour, employant de nombreuses périphrases afin de ne pas nommer directement les choses. Écoutez l'insecte qui butine et replacez les mots effacés par les larmes du Gascon amoureux.

aveu – bouche – goût – instant – lèvres – respirer – rose – serment – yeux

Un baiser, mais à tout prendre, qu'est-ce ?
Un .... fait d'un peu plus près, une promesse
Plus précise, un .... qui veut se confirmer,
Un point .... qu'on met sur l'i du verbe aimer ;
C'est un secret qui prend la .... pour oreille,
Un .... d'infini qui fait un bruit d'abeille,
Une communion ayant un .... de fleur,
Une façon d'un peu se .... le cœur,
Et d'un peu se goûter, au bord des ...., l'âme !

QUEL EST LE MOT INTRUS ? LA TROISIÈME LETTRE DE CE MOT EST À CONSERVER ! ......

Paul & Virginie

L'AMOUR SOUS LES TROPIQUES

Votre mission

Vous devez trouver le mot qui désigne une fleur typique de l'île Maurice, où ont vécu Paul et Virginie. Pour cela, chaque énigme va vous permettre d'en trouver une ou plusieurs lettres. Vous devrez ensuite mettre les lettres dans le bon ordre, et le mot apparaîtra…

ÉNIGME 1

Le roman *Paul et Virginie* a été publié au carrefour de deux périodes. Surlignez le grand événement historique qui marque ce changement d'époque.

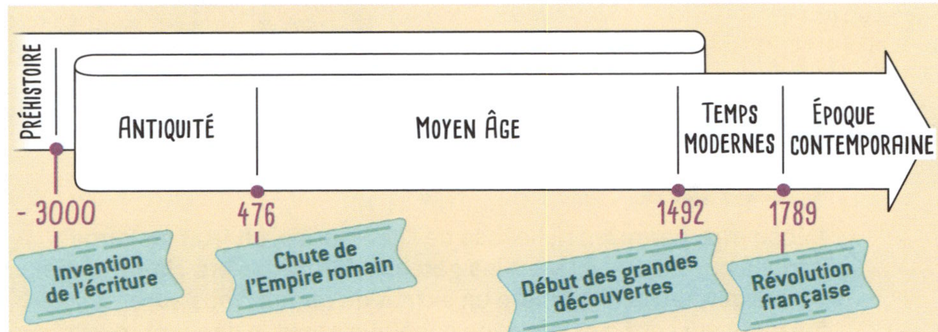

LA CINQUIÈME LETTRE DU NOM COMMUN DANS L'EXPRESSION SURLIGNÉE EST LA LETTRE MYSTÈRE → ......

ÉNIGME 5

Vous arrivez bientôt à la fin de votre mission ! Encore un effort !

Mme de la Tour, la mère de Virginie, l'envoie à Paris pour parfaire son éducation auprès de sa tante. En rentrant sur l'île, après deux ans d'absence, elle meurt au cours du naufrage de son bateau…
Qu'a-t-elle pu, par pudeur, refuser de retirer pour mieux nager, ce qui lui aurait pourtant sauvé la vie ? Coloriez les lettres qui composent ce mot, une conjonction apparaîtra.

A	M	P	F	I	L	H	C	K
G	O	J	K	B	G	E	I	Q
Z	R	B	W	E	N	R	D	Y
N	B	U	O	R	A	B	U	J
C	E	F	V	O	K	O	M	V
I	B	D	T	R	W	E	S	D
L	H	Q	P	J	L	Z	F	N

LE MOT À TROUVER EST → ....

LES DEUX LETTRES RÉVÉLÉES SONT → ....

Vous y êtes presque…

NOTEZ ICI LES LETTRES TROUVÉES → ....

METTEZ-LES DANS L'ORDRE POUR TROUVER LE MOT MYSTÈRE →

MOT MYSTÈRE : ....

BILAN

Donnez trois mots qui résument la conception de l'amour que Bernardin de Saint-Pierre expose dans son récit.

....

ÉNIGME 2

En lisant un extrait du roman, remplissez cette grille de mots croisés.

1. Croyance ou opinion, souvent imposée par le milieu, l'époque dans laquelle on vit.
2. Paradis terrestre, dépeint dans la Bible comme la demeure du premier couple formé par Adam et Ève.
3. État de pleine satisfaction.
4. Première femme selon la Bible.
5. Milieu terrestre particulier, défini par le relief, le sol, le climat, l'eau, la végétation.
6. Livre populaire publié chaque année et comprenant outre un calendrier, des renseignements astronomiques, météorologiques, scientifiques, pratiques, etc.
7. Premier homme, selon la Bible.
8. Désigne un moyen de s'éclairer et le mouvement littéraire et culturel du XVIIIe siècle.

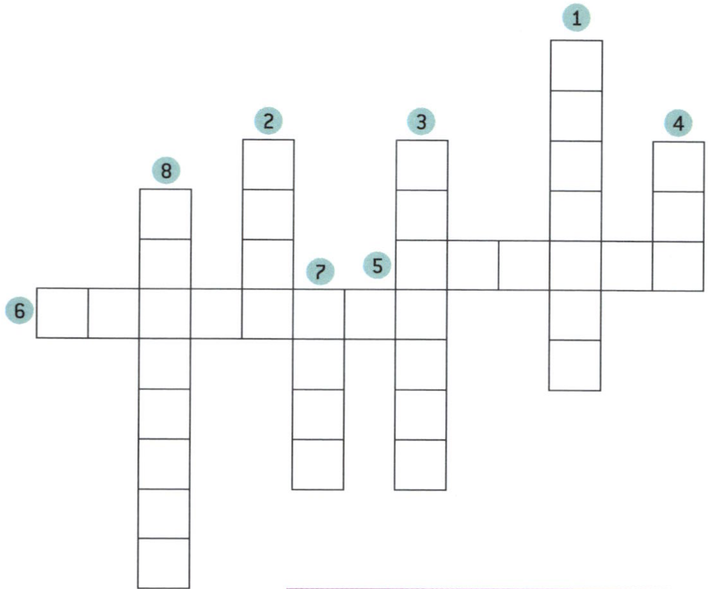

QUELLE VOYELLE FIGURE À 5 REPRISES DANS LA GRILLE ? ……

ÉNIGME 3

Découvrez, parmi les richesses de l'île Maurice, un fruit en forme d'étoile qui décore souvent les gâteaux des pâtissiers : la carambole. Il vous permettra d'entendre un extrait du roman. Vous aurez à noter les mots qui sont à la fois dans cet audio et sur le dépliant touristique.

LES LETTRES À CONSERVER SONT CELLES SURLIGNÉES EN BLEU. …… ……

ÉNIGME 4

Paul et Virginie vivent en harmonie avec la nature, sans être corrompus par la société. Cette vision proposée par Bernardin de Saint-Pierre est proche de la notion d'« état de nature », construite par son ami le philosophe Jean-Jacques Rousseau. À l'époque des Lumières, les écrivains aimaient se rencontrer pour dialoguer. Installés à l'ombre d'un bel arbre, les philosophes vous aideront à compléter ce texte.

besoins – existence – fiction – libre – méchant – naturel – nourriture – philosophe – privée – réelle – voyage

Rousseau est un ………………… de l'époque des Lumières. Il se demande ce que serait l'homme s'il ne vivait pas en société et s'il était uniquement dans un environnement ………………… .
Il invente donc cette idée d'un « état de nature ». Ce n'est pas une période historique …………………, mais une ………………… .
Pour Rousseau, l'homme, dans cet état de nature, ne cherche qu'à obtenir les denrées qui sont indispensables à son …………………, comme l'eau et la ………………… .
Il ne veut de mal à personne. L'homme originel est également un être ………………… .
En société, l'homme pour Rousseau est différent de ce qu'il est naturellement. En entrant en société, il perd son insouciance. Il se crée des …………………, il doit travailler. L'avènement de la propriété ………………… le rend ………………… .

QUEL EST LE MOT INTRUS ? LA PREMIÈRE LETTRE DE CE MOT EST À CONSERVER ! ……

La Dame aux camélias

L'AMOUR ROMANTIQUE

Votre mission

Vous devez trouver le mot qui caractérise un des personnages clefs de ce roman d'Alexandre Dumas fils. Pour cela, chaque énigme va vous permettre d'en trouver une ou plusieurs lettres. Vous devrez ensuite les mettre dans le bon ordre, et le mot apparaîtra.

ÉNIGME 1

Alexandre Dumas fils était considéré par George Sand comme son fils spirituel. En sachant cela, situez l'œuvre du romancier et dramaturge. Coloriez en vert la période.

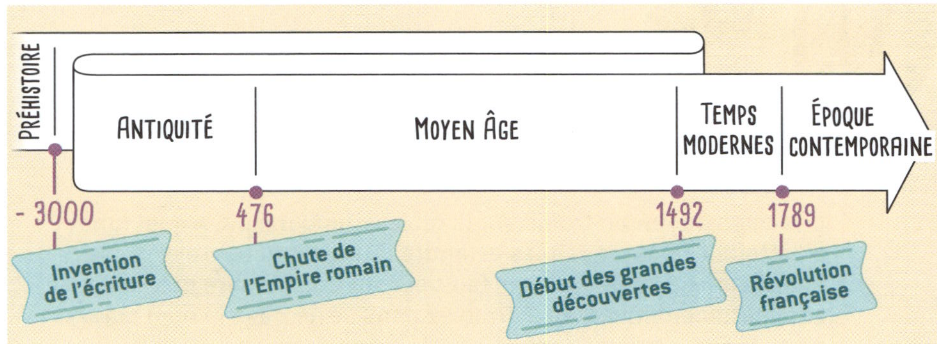

DANS L'ADJECTIF QUI CARACTÉRISE CETTE ÉPOQUE, LES 8e 9e ET 13e LETTRES SONT LES LETTRES MYSTÈRE → ....

ÉNIGME 5

Vous arrivez bientôt à la fin de votre mission ! Encore un effort !

Que porte l'héroïne sur son corsage ? Coloriez les lettres qui composent ce mot, vous découvrirez la lettre qui manque deux fois dans le titre de l'opéra que Verdi a composé à partir du roman de Dumas.

N	P	J	S	V
G	I	A	C	F
U	S	L	Q	D
D	Y	M	P	K
Z	R	I	Y	Y
H	B	E	V	O
O	T	C	N	P
K	S	F	X	H

LE MOT À TROUVER DANS LA GRILLE EST → ....

LE NOM DE L'OPÉRA AVEC LA LETTRE RÉVÉLÉE EST → LA ...... RAVIA ...... A

Vous y êtes presque…

NOTEZ ICI LES LETTRES TROUVÉES → ....

METTEZ-LES DANS L'ORDRE POUR TROUVER LE MOT MYSTÈRE →

MOT MYSTÈRE

....

BILAN

Donnez trois mots qui résument la conception de l'amour que Dumas fils expose dans son roman.

....

ÉNIGME 2

Le roman *La Dame aux camélias* est inspiré d'une femme ayant réellement existé et que l'auteur a lui-même côtoyée.
Lisez son portrait dans le roman, complétez la grille de mots-croisés et scannez son portrait : vous découvrirez le nom de cette femme, puis les lettres mystères.

1. Le portrait est-il mélioratif ou péjoratif?
2. Le mode utilisé pour décrire ce visage.
3. La figure de style dans « des dents blanches comme du lait ».
4. Mot du texte de la famille de « grâce ».
5. Nature de la plupart des mots servant à décrire les traits de son visage : « fin », « droit », « rose ».
6. Fruit auquel est associée la couleur de son teint.

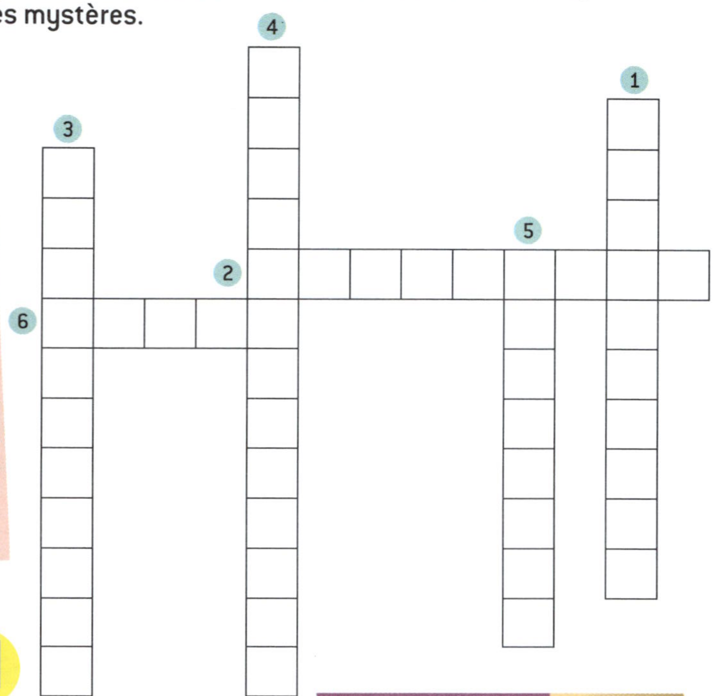

LES LETTRES RÉVÉLÉES SONT → ....

ÉNIGME 3

Une page du roman traîne sur la table : c'est l'incipit. À quel type d'histoire le lecteur doit-il s'attendre ? une histoire vraie, réelle, une histoire fantastique, qui fait peur, ou une histoire merveilleuse, complètement inventée ? Trouvez dans cette page le nom qui caractérise le mieux ce récit.

LES 3e ET 5e LETTRES DE CE MOT SONT LES LETTRES MYSTÈRE → ....

ÉNIGME 4

Le roman a rencontré tellement de succès que Dumas l'a adapté en pièce de théâtre. En 1896, la comédienne Sarah Bernhardt incarne le rôle titre. Découvrez l'histoire dramatique de ces deux amants et complétez le texte à trous avec les termes proposés.

camélia – chagrin – enchâssé – entretenue – jalousie – père – sentiments – trahi – tuberculose.

Dans ce récit ...., Armand Duval raconte au narrateur son histoire d'amour malheureux avec la jeune courtisane Marguerite Gautier. Cette dernière, d'une beauté éblouissante, avait l'habitude de porter un .... sur son corsage, d'où son nom. Alors qu'elle menait une vie .... par de riches hommes, elle décide de renoncer au luxe par amour pour Armand, lui-même fou amoureux d'elle.
Cependant, le .... du jeune homme, apprenant la liaison de son fils, parvient à éloigner la jeune femme en jouant sur ses .... Armand, persuadé que celle qu'il aime l'a .... pour un autre homme, cherchera à lui faire payer son abandon en attisant sa ....
Ce n'est que trop tard, après la mort de la jeune femme, emportée par la ...., qu'il apprendra la vérité.

QUEL EST LE MOT INTRUS ? LES PREMIÈRE ET DERNIÈRE LETTRES DE CE MOT EST SONT CONSERVER ! → ....

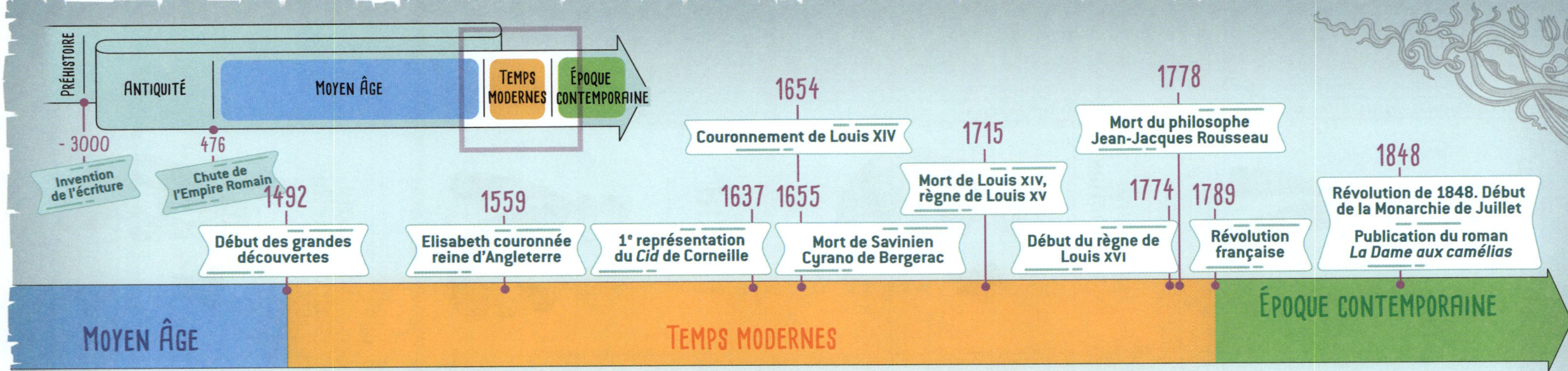

IMAGE À COLLER ICI | IMAGE À COLLER ICI | IMAGE À COLLER ICI | IMAGE À COLLER ICI | IMAGE À COLLER ICI | IMAGE À COLLER ICI

MOT MYSTÈRE .... | MOT MYSTÈRE .... | MOT MYSTÈRE .... | MOT MYSTÈRE .... | MOT MYSTÈRE .... | MOT MYSTÈRE ....

METTEZ LES LETTRES DANS L'ORDRE POUR TROUVER LA DESTINATION.

DESTINATION
....

Images à coller

À PHOTOCOPIER

Indiquez dans les cadres le nom de l'auteur.

Tristan & Iseut

DE ……………………

Roméo & Juliette

DE ……………………

Le Cid

DE ……………………

Cyrano de Bergerac

DE ……………………

Paul & Virginie

DE ……………………

La Dame aux camélias

DE ……………………

Tristan & Iseut

DE ……………………

Roméo & Juliette

DE ……………………

Le Cid

DE ……………………

Cyrano de Bergerac

DE ……………………

Paul & Virginie

DE ……………………

La Dame aux camélias

DE ……………………

Fiche Récap

À PHOTOCOPIER

À VOUS DE JOUER !

Avec votre aide, Rose peut rejoindre Jack. Elle prend un bateau pour Le Havre, puis le train pour Venise. Ils se retrouvent enfin ! À la manière d'un dialogue de théâtre, rédigez leurs échanges.

– Indiquez, en particulier par des didascalies, l'endroit exact où ils se trouvent (dans un restaurant, un café, un musée…).

– Rose et Jack peuvent parler de leur séparation, de leurs retrouvailles, de leur avenir, mais ils doivent aussi évoquer des œuvres que Rose a découvertes et les personnages qui y figurent.

– La scène écrite peut être en prose ou en vers, à la manière, par exemple, de *Cyrano de Bergerac* ou du *Cid*.

FICHE D'AUTO-ÉVALUATION

LE SUJET	• J'ai situé le dialogue dans un lieu précis.	☐
	• Les personnages font référence à leur vie passée, présente et future.	☐
	• Les personnages expriment leurs sentiments.	☐
	• Les personnages parlent d'au moins deux des histoires lues.	☐
	• Les dialogues ne contiennent pas d'anachronismes.	☐
LA LANGUE	• J'ai respecté la ponctuation du dialogue de théâtre.	☐
	• J'ai choisi un style (vers ou prose) pour l'ensemble de mon texte.	☐

Diplôme

À PHOTOCOPIER

BRAVO !

Vous avez réussi à accomplir votre mission et à offrir à Hadès les objets demandés. Aristide est retrouvé et vous allez pouvoir retourner dans votre car au complet. Vous avez bien mérité le titre de grand(e) explorateur/exploratrice des Enfers !

Moi, Hadès, maître des Enfers, déclare que

....

....

a vaillamment exploré mon royaume
et a accompli sa mission avec talent.
Je l...... nomme solenellement :

Grand...... Explorat.................. des Enfers

Hadès

CERTIFICAT

d'exploratrice et d'explorateur

BRAVO !

Vous avez fait preuve de courage,
de sang-froid et de réflexion.
Grâce à vous, j'ai réussi à récupérer
les plans et à construire la fusée.

Un petit pas pour la femme,
un grand pas pour l'humanité !

J'ai le grand honneur de vous décerner ce certificat d'exploratrice et d'explorateur.

Délivré à :

....

Classe : ....

Collège : ....

À : ....

Félicitations !
Amélia Johnson

Signature de la ou du titulaire

BRAVO !

Vous avez accompli votre mission
et permis à Rose de retrouver celui qu'elle aime.
Avec elle, vous avez lu les belles histoires d'amour
qui émaillent l'histoire de la littérature.

Vous avez donc bien mérité, vous aussi, un billet pour Venise.

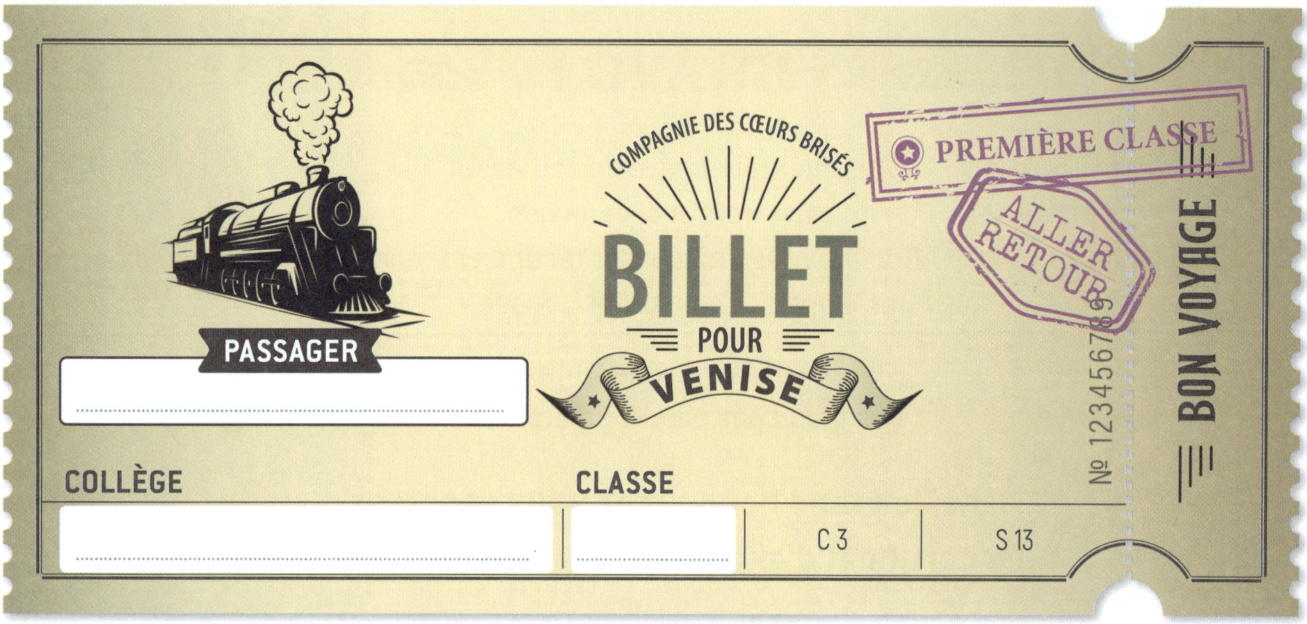

Orphée et Eurydice
sont fous
Ils viennent de se
mais, pour leur
un animal sauvage blesse
Eurydice. Fou de
Orphée tente d'aller la
aux Enfers. Débusquez
et scannez-le.

ORPHÉE Pour l'amour d'Eurydice

La prière d'Orphée

Descendu aux Enfers, Orphée avance parmi les suppliciés et tente d'émouvoir Hadès et Perséphone.

Tandis qu'il parlait ainsi, faisant résonner les cordes de sa lyre au rythme de ses paroles,
Les âmes exsangues pleuraient ; Tantale renonça
À atteindre l'eau qui le fuit, la roue d'Ixion s'arrêta,
Les oiseaux cessèrent de ronger le foie de leurs victimes,
Les petites-filles de Bélus d'emplir leurs urnes
Et tu t'assis, Sisyphe, sur ton rocher.
Pour la première fois alors, dit-on, les larmes mouillèrent
Les joues des Euménides[1], vaincues par ce chant. Ni la royale épouse
Ni le dieu qui règne aux Enfers n'ont le cœur d'opposer un refus à sa prière.
Ils appellent Eurydice. Elle se trouvait parmi les ombres nouvelles
Et s'avança d'un pas que retardait sa blessure.
Orphée, le chantre du Rhodope[2], la reçoit sous cette condition
Qu'il ne tournera pas ses regards en arrière;
Sinon, cette faveur sera rendue vaine.

Ovide, *Métamorphoses*, trad. J. Chamonard, Flammarion, V. 40-52.

1 Créatures qui peuplent les Enfers. **2** Lieu de naissance d'Orphée.

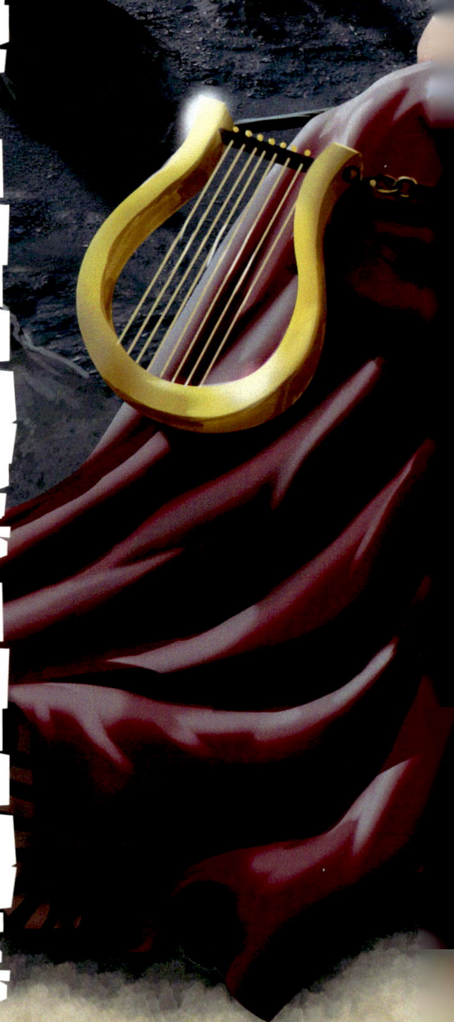

Héraclès, pris de folie,
a tué sa femme et ses enfants un soir de
Pour se racheter, il doit accomplir douze
Imposés par son cousin
Il affronte des monstres comme l'hydre de
ou le lion de Némée dont la peau rend
Sa onzième tâche consiste à capturer
un chien à trois têtes qui garde la porte des
Débusquez un indice rappelant un des 12
sur le plateau et scannez-le.

HÉRACLÈS Face au monstre

Κέρβερος

Héraclès aux Enfers

XXV. À peine Héraclès eut-il fini son dixième travail qu'Eurysthée lui ordonna d'amener des Enfers à la lumière du jour le chien Cerbère. Dès qu'Héraclès eut reçu ordre d'exécuter ce travail, qu'il regarda comme glorieux pour lui, il se rendit à Athènes et se fit initier dans les mystères d'Eleusis[1].

XXVI. Ce héros descendu dans les Enfers, fut, suivant la tradition, accueilli de Perséphone comme un frère. Il enchaîna Cerbère, le tira des enfers et le montra aux hommes. Ce héros descendu dans les Enfers, fut, suivant la tradition, accueilli par Perséphone comme un frère : elle lui permit même de délivrer et d'emmener avec lui Thésée et Pirithoos[2].

Diodore de Sicile, *Histoire universelle*, Livre IV, Ier s. ap. J.-C.

1 Rites religieux secrets

2 Thésée et Pirithoos ont été punis, enchaînés par des serpents sur les fauteuils de l'oubli, pour avoir tenté de séduire Perséphone.

Déméter est la déesse de la Nature et
Elle a eu une fille,
avec son frère Zeus, le roi des
Un jour, Perséphone cueille
avec ses amies les
Mais au moment où elle cueille un
La terre s'ouvre et apparaît un char
L'oncle de Perséphone et roi des
Que va-t-il se passer ? Pour le savoir,
débusquez sur le plateau
qui a causé cette étrange apparition
et scannez-la.

PERSÉPHONE Entre deux mondes

Victime et reine

Il l'enleva et, malgré sa résistance, la porta en pleurs sur son char d'or ; alors elle poussa de sa voix des cris aigus, implorant son père, le Cronide suprême et très puissant. Mais personne, parmi les Immortels ni les hommes mortels, n'entendit ses cris […]

Déméter, qui cherche désespérément sa fille sur terre, empêche la Nature de produire la moindre semence. Zeus envoie alors Hermès pour libérer sa fille. Hadès, le Roi des Morts, commande alors à celle qui est désormais son épouse :

Retourne, Perséphone, auprès de ta mère au voile sombre ; mais garde en ta poitrine une humeur et un cœur sereins. Ne t'abandonne pas à des chagrins inutiles. Parmi les Immortels, je ne suis pas un mari indigne de toi, moi, frère de Zeus. Quand tu reviendras en ces lieux, tu régneras sur toutes les ombres qui les habitent ; tu jouiras des grands honneurs réservés aux divinités, et le châtiment frappera l'impie qui négligerait de t'offrir pieusement les sacrifices et les offrandes qui te reviennent.

Homère, *Hymnes*, 33, « À Déméter » VIIIe s. av. J.-C.

La traversée du Styx

À la demande de Vénus, Psyché doit pénétrer dans les Enfers. Alors qu'elle se désespère, une tour se met à parler pour lui dire comment traverser le Styx grâce au nocher[1] Charon.

Alors tu arriveras au fleuve de la mort, dont Charon est le gouverneur. Il exigera aussitôt le péage : c'est à cette condition qu'il transporte les voyageurs sur l'autre rive dans sa barque cousue de cuir. Ainsi, même chez les morts, l'avarice existe, et Charon, le percepteur de Pluton, ce si grand dieu, ne fait rien gratuitement. Mais quand il meurt, le pauvre doit emporter le prix de son voyage et s'il n'a pas d'argent sous la main, personne ne voudra de son dernier soupir. Pour payer ta traversée, tu donneras à cet horrible vieillard une des deux oboles[2] que tu transportes pour qu'il la prenne de sa main dans ta bouche.

Apulée, *Les Métamorphoses* Livre VI, XVIII, 5, 6 et 7, Ier s.

1 Homme chargé de conduire une barque, un navire.

2 Pièce de monnaie.

PSYCHÉ Vers l'immortalité

Psyché est une princesse si belle que les
en oublient de célébrer la déesse
Celle-ci, jalouse et offensée, envoie son fils
avec pour mission de rendre
amoureuse du mortel le plus
Cupidon se blesse avec une de ses flèches et
de Psyché. Furieuse, Vénus enferme
et ordonne à Psyché d'aller
recueillir dans une cassette un peu de
de l'épouse du dieu Pluton, la reine
Débusquez cet objet
et scannez-le.

Énée, héros troyen, a reçu pour
de fonder la nouvelle Troie, qui deviendra
Pour cela, il doit descendre retrouver l'âme
aux Enfers. Il reçoit l'aide de la Sibylle de
prêtresse d'Apollon, qui le guide jusqu'aux
Un lieu enchanté où les âmes des
et des gens vertueux trouvent
Trouvez
sur le plateau et scannez-la.

ÉNÉE En quête de son père

Énée guidé par la Sibylle

Afin qu'Énée puisse pénétrer dans les Enfers, la Sibylle lui fait accomplir plusieurs rituels. Puis elle lui donne un rameau d'or, qu'il doit offrir à Proserpine, la déesse des Enfers.

Énée devance la prêtresse à l'entrée, s'asperge d'eau fraîche,
Et fixe le rameau sur la porte qui lui fait face.
Ces devoirs accomplis et l'offrande à la déesse faite,
Ils parviennent dans des lieux plaisants, aux délicieuses prairies
Des bois fortunés et aux demeures bienheureuses.
Un éther plus vaste éclaire ces lieux d'une lumière de pourpre.
Les ombres y ont leur soleil et leurs constellations. [...]
Énée admire au loin les armes et les chars sans consistance des guerriers. [...]
Ici, une troupe de guerriers, couverts de blessures en combattant pour leur patrie ;
Là, ceux qui, durant leur vie furent des prêtes vertueux ;
les poètes pieux, dont les vers furent dignes de Phébus[1] ;
Et ceux qui ont embelli la vie par l'invention des arts ;
Et ceux dont les mérites ont marqué les mémoires.
Tous ont le front ceinte d'un bandeau couleur de neige.

Virgile, *L'Enéide*, Livre VI, v. 635-665 (avec coupes), Ier s. av. J.-C.

1 Dieu du soleil.

Ulysse est un héros grec de la Guerre de
Racontée par Homère dans l'Iliade.
raconte son voyage mouvementé pour rentrer
Dans son périple, Ulysse rencontre de
après avoir échappé au cyclope Polyphème
il se rend aux Enfers, sur les conseils de
pour consulter le devin aveugle
Trouvez
sur le plateau et scannez-la.

ULYSSE Le mal du pays

Les conseils de Circé

Pour qu'il parvienne à rentrer chez lui, la magicienne Circé conseille à Ulysse d'aller aux Enfers pour interroger l'âme du devin Tirésias.

507 Quand ton vaisseau arrivera au bout de l'Océan,
tu trouveras un rivage plat et les bois sacrés de Perséphone :
hauts peupliers noirs et saules stériles. […]

515 Puis, Approche-toi de ce lieu, héros, creuse une fosse carrée
d'une coudée de profondeur, et verse dedans une libation[1] pour tous les morts. […]

520 Invoque longuement les têtes sans consistance des morts. […]

528 Alors viendront en foule
les âmes des défunts.

530 Ensuite, presse tes compagnons et ordonne-leur d'écorcher et de rôtir
la brebis, gisant égorgée par l'impitoyable bronze,
et d'en faire hommage aux dieux,
le puissant Hadès et la terrible Perséphone.
Quant à toi, reste assis mais, du long de ta cuisse,
535 tire ton glaive pointu et ne laisse pas les têtes sans consistance des morts
approcher du sang, tant que Tirésias n'aura pas répondu.

Homère, *Odyssée*, chant X (extraits), VIIIe s. av. J.-C.

1 Action de répandre un liquide en l'honneur d'une divinité.

Mon cher Pierre,

Après le meurtre de Valentina, je dois récupérer la combinaison du coffre où sont conservés nos plans. Je ne peux donc compter que sur vous et nos confrères, puisque vous en détenez tous un chiffre. Transmettez-moi vite le vôtre ! Ne faites confiance à personne. Vous rappelez-vous nos charades ?

→ Mon premier couvrira vos épaules.
→ Mon deuxième équivaut à 3.14
→ Mon troisième est l'antonyme de l'amour.
→ Mon quatrième est au milieu de votre figure.
→ Mes cinquièmes sortent de votre bouche.
→ Et mon tout est celui dont il vous faut vous méfier.

Votre consœur, Amélia

ENQUÊTE en eaux troubles

UN TRAIN d'enfer

Mon cher Phileas,

Après le meurtre de Valentina, je dois récupérer la combinaison du coffre où sont conservés nos plans. Je ne peux donc compter que sur vous et nos confrères, puisque vous en détenez tous un chiffre. Transmettez-moi vite le vôtre ! Vous rappelez-vous nos charades ?

Votre consœur, Amélia

→ Ma première peut être décisive lors d'un match.

→ Mon deuxième est synonyme de morceau.

→ Mon troisième est un symptôme de la grippe.

→ Et mon tout est celui qui vous ouvrira toutes les portes.

UN VOL à haut risque

Mon cher Samuel,

Après le meurtre de Valentina, je dois récupérer la combinaison du coffre où sont conservés nos plans. Je ne peux donc compter que sur vous et nos confrères, puisque vous en détenez tous un chiffre. Transmettez-moi vite le vôtre ! Ne faites confiance à personne. Vous rappelez-vous nos charades ?

Votre consœur,

Amélia

→ Mon premier peut être cantonnais, pilaf, noir ou gluant.
→ Mon deuxième est un véhicule de guerre.
→ Mon troisième permet l'accostage des bateaux.
→ Mon quatrième se trouve au milieu de la figure.
→ Mon cinquième est le verbe « dire » à la première personne du présent de l'indicatif.
→ Et mon tout est celui qui détient la clé.

Mon cher Otto,

Après le meurtre de Valentina, je dois récupérer la combinaison du coffre où sont conservés nos plans. Je ne peux donc compter que sur vous et nos confrères, puisque vous en détenez tous un chiffre. Transmettez-moi vite le vôtre ! Ne aites confiance à personne. Vous rappelez-ous nos charades ?

Votre consœur,

Amélia

Mon premier est une planète.
Mon deuxième permet de communiquer.
Mon troisième est une unité de mesure.
Et mon tout indique la température.

Dans les entrailles DE LA TERRE

Piège ARCTIQUE

Mon cher Jean,

Après le meurtre de Valentina, je dois récupérer la combinaison du coffre où sont conservés nos plans. Je ne peux donc compter que sur vous et nos confrères, puisque vous en détenez tous un chiffre. Transmettez-moi vite le vôtre ! Ne faites confiance à personne. Vous rappelez-vous nos charades ?

Votre consœur, Amélia

→ Mon premier est l'un des mois du printemps.

→ Mon deuxième est la traduction russe du mot « oui ».

→ Mon troisième est redouté des vampires.

→ Mon quatrième est un pronom personnel indéfini à la troisième personne du singulier.

→ Mon tout est un bijou.

Mon cher Impey,

Après le meurtre de Valentina, je dois récupérer la combinaison du coffre où sont conservés nos plans. Je ne peux donc compter que sur vous et nos confrères, puisque vous en détenez tous un chiffre. Transmettez-moi vite le vôtre ! Ne faites confiance à personne. Vous rappelez-vous nos charades ?

Votre consœur, Amélia

→ Mon premier est une boisson très appréciée des Anglais.

→ Mon deuxième est l'antonyme de beau.

→ Mon troisième est une unité de masse, symbolisée par la lettre g.

→ Et mon tout est l'ancêtre de l'e-mail.

DÉCOLLAGE immédiat !

L'histoire de Tristan et Iseut

Tristan, vaillant orphelin, est élevé par son oncle le roi Marc.
Celui-ci l'envoie par-delà les mers lui chercher une fiancée.
Ce sera Iseut la blonde, fille de la reine d'Irlande.
La mère d'Iseut prépare un philtre d'amour
destiné aux noces de sa fille et du roi Marc.
Mais sur le bateau qui ramène Tristan et Iseut,
la servante Brangien donne à boire le breuvage,
par erreur, à Tristan et Iseut.
Un amour irrépressible s'empare alors des deux jeunes gens.
Iseut épouse le roi Marc malgré ses sentiments pour Tristan,
mais les deux amants ne peuvent se retenir de s'aimer.
Ils se forcent à se séparer, et Tristan épouse une autre femme.
Mais bientôt, il tombe malade. Il appelle à lui Iseut,
qui arrivera trop tard… Iseut meurt sur le corps de Tristan.
Les deux amants sont dorénavant liés dans la mort.

Tristan
& Iseut
LA MAGIE DE L'AMOUR

ROMÉO
+
JULIETTE
=

Roméo & Juliette

UN AMOUR TRAGIQUE

ROMÉO. – (Apercevant Juliette qui apparaît à une fenêtre.)
Quelle [redacted] jaillit par cette fenêtre ? Voilà l[redacted], et Juliette est le [redacted] ! Lève-toi, belle [redacted], et tue la lune [redacted] qui déjà languit et pâlit de douleur, parce que toi, sa [redacted], tu es plus belle qu'elle-même ! [...] Voilà ma dame ! Oh ! voilà mon amour ! Oh ! si elle pouvait le savoir... Que dit-elle ? Rien... [...]

JULIETTE. – *Hélas !*

ROMÉO. – *Elle parle ! Oh ! parle encore, [redacted] resplendissant ! Car tu rayonnes dans cette nuit, au-dessus de ma tête, comme le messager [redacted] du ciel, quand, aux yeux bouleversés des mortels qui se rejettent en arrière pour le contempler, il devance les [redacted] paresseuses et vogue sur le sein des [redacted].*

JULIETTE. – *Ô Roméo ! Roméo ! pourquoi es-tu Roméo ? Renie ton père et abdique ton nom ; ou, si tu ne le veux pas, jure de m'aimer, et je ne serai plus une Capulet.*

William Shakespeare,
Roméo et Juliette, acte II scène 2.

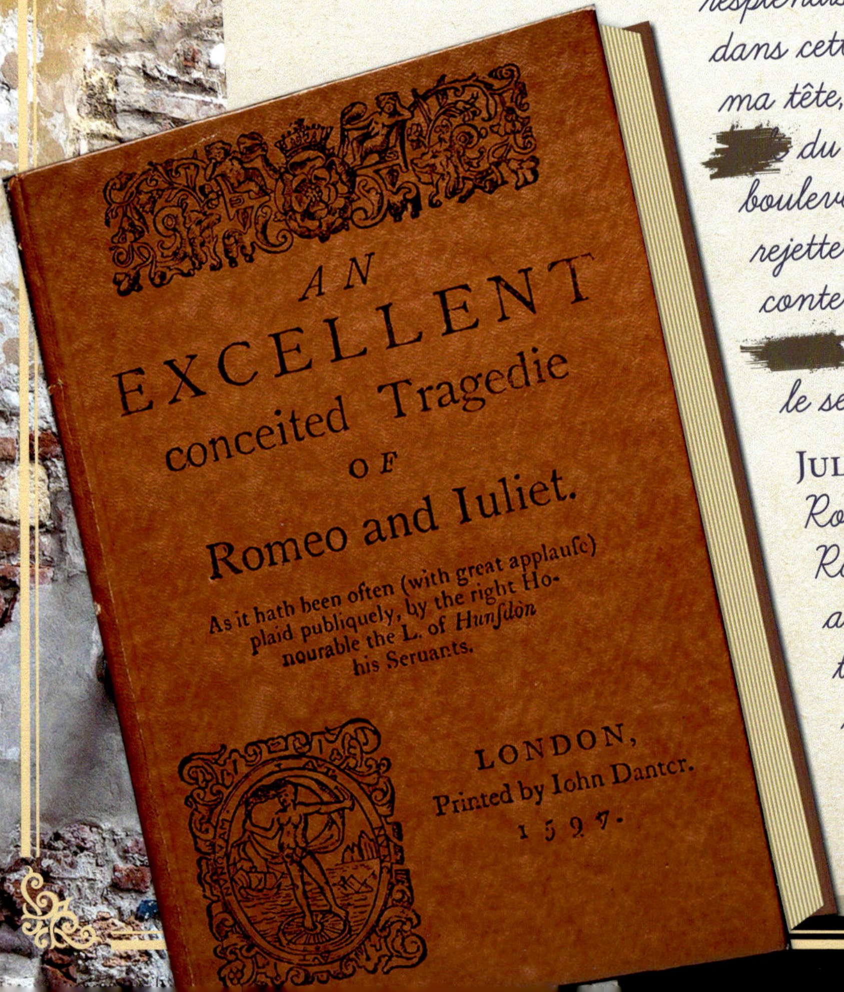

« Don Sanche .– Ô rage ! ô désespoir ! ô [redacted] ennemie ! » (I, 4)
« Don Rodrigue .– En cet [redacted] mon père est l'offensé, Et l'offenseur le père de Chimène ! » (I, 6)
« Le Comte .– À vaincre sans péril on triomphe sans [redacted] » (II, 2)
« Don Rodrigue .– Je suis jeune, il est vrai ; mais aux âmes bien nées La valeur n'attend point le nombre des [redacted]. » (II, 2)
« Chimène .– Va, je ne te [redacted] point. » (III, 4)
« Don Rodrigue .– Cette [redacted] clarté qui tombe des étoiles » (IV, 3)

Chimène & Rodrigue

AMOUR ET HONNEUR

ACTEVRS

D. FERNAND, premier Roy de Caſtille.
D. VRRAQVE, Infante de Caſtille.
D. DIEGVE, pere de D. Rodrigue.
D. GOMES, Comte de Gormas pere de Chimene.
D. RODRIGVE, fils de D. Diegue, & Amant de Chimene,
D. SANCHE, amoureux de Chimene.
D. ARIAS, } Gentilhommes Caſtillans.
D. ALONSE, }
CHIMENE, maiſtreſſe de D. Rodrigue, & de D. Sanche.
LEONOR, Gouuernante de l'Infante.
ELVIRE, ſuiuante de Chimene.
Vn Page de l'Infante.

La Scene eſt à Seuille.

« Un baiser, mais à tout prendre, qu'est-ce ?
Un [illegible] fait d'un peu plus près,
une promesse
Plus précise, un [illegible] qui veut
se confirmer,
Un point [illegible] qu'on met
sur l'i du verbe aimer ;
C'est un secret qui prend la [illegible]
pour oreille,
Un [illegible] d'infini qui fait un bruit d'abeille,
Une communion ayant un [illegible] de fleur,
Une façon d'un peu se [illegible] le cœur,
Et d'un peu se goûter, au bord
des [illegible], l'âme ! »

Edmond Rostand, Cyrano de Bergerac,
acte IV scène 10.

La carte de Tendre

Cyrano
L'AMOUR MASQUÉ

L'île Maurice

L'île Maurice possède une flore extraordinaire.

Entre mer et montagne, couverte de vergers, de forêts luxuriantes, d'arbres délivrant une ombre nécessaire, elle évoque dans le roman de Bernardin de Saint-Pierre une forme de paradis terrestre, où le ciel est presque toujours bleu.

Paul & Virginie

L'AMOUR SOUS LES TROPIQUES

« Vous autres Européens, dont l'esprit se remplit dès l'enfance de tant de préjugés contraires au bonheur, vous ne pouvez concevoir que la nature puisse donner tant de lumières et de plaisirs. [...] Paul et Virginie n'avaient ni horloges, ni almanachs, ni livres de chronologie, d'histoire, et de philosophie. Les périodes de leur vie se réglaient sur celles de la nature. Ils connaissaient les heures du jour par l'ombre des arbres ; les saisons, par les temps où ils donnent leurs fleurs ou leurs fruits ; et les années, par le nombre de leurs récoltes. »

Bernardin de Saint-Pierre, *Paul et Virginie*.

George Sand
INDIANA
PARIS
1832

La Dame aux camélias

L'AMOUR ROMANTIQUE

Dans un ovale d'une grâce indescriptible, mettez des yeux noirs surmontés de sourcils d'un arc si pur qu'il semblait peint ; voilez ces yeux de grands cils qui, lorsqu'ils s'abaissaient, jetaient de l'ombre sur la teinte rose des joues ; tracez un nez fin, droit, spirituel, aux narines un peu ouvertes par une aspiration ardente vers la vie sensuelle ; dessinez une bouche régulière, dont les lèvres s'ouvraient gracieusement sur des dents blanches comme du lait ; colorez la peau de ce velouté qui couvre les pêches qu'aucune main n'a touchées, et vous aurez l'ensemble de cette charmante tête.

Alexandre Dumas fils,
La Dame aux camélias, chap. II.